W0233410

VERLAG ANTJE
KUNSTMANN

DAVID SERVAN-SCHREIBER
mit Ursula Gauthier

Man sagt sich mehr als einmal Lebewohl

Aus dem Französischen
von Ursel Schäfer

Verlag Antje Kunstmann

Dieses Buch ist den Onkologen gewidmet, die mir seit der zufälligen Entdeckung meines Krebses vor neunzehn Jahren großzügig ihre Zeit, ihr Wissen und ihre Unterstützung zur Verfügung gestellt haben.

Es ist auch allen meinen Patienten gewidmet, die ähnliche Prüfungen durchgemacht haben. Sie haben mir den Weg zu innerer Stärke, Mut und Entschlossenheit gezeigt.

Und schließlich widme ich das Buch meinen drei Kindern, Sascha (sechzehn Jahre), Charlie (zwei Jahre) und Anna (sechs Monate). Es wäre schrecklich traurig, wenn ich sie nicht länger bei der Entdeckung des Lebens begleiten könnte. Ich hoffe, ich habe dazu beigetragen, ihnen Lebenskraft zu schenken. Ich vertraue darauf, dass sie diese Kraft in ihren Herzen tragen und dass sie ihnen hilft, die Herausforderungen des Lebens zu bewältigen.

Inhalt

ERSTER TEIL

Der Fahrradtest

An jenem Tag fuhr ich nach dem Termin in der Radiologie mit dem Fahrrad nach Hause. Ich habe es immer geliebt, in Paris mit dem Fahrrad zu fahren, und habe die Strecke als einen ganz besonderen Augenblick in Erinnerung. Natürlich wäre es nach dem, was ich gerade gehört hatte, vernünftiger gewesen, ein Taxi zu nehmen, denn holpriges Pflaster war in meinem Zustand nicht gerade angeraten. Aber nach dieser Nachricht brauchte ich unbedingt frische Luft.

Es war der 16. Juni 2010. Ich hatte eine Kernspintomografie (MRT) machen lassen, und das Ergebnis sah nicht sehr gut aus. Die Bilder zeigten eine riesige Kugel, ganz von Blutgefäßen durchzogen, die in meinem rechten Frontallappen den Hohlraum ausfüllte, der durch zwei frühere Operationen Jahre zuvor entstanden war. Mein Onkologe zögerte. Er glaubte nicht, dass der Tumor wieder zurückgekommen war. Er hielt die Kugel eher für ein eindrucksvoll großes Ödem, das sich zeitverzögert als Reaktion auf eine frühere Bestrahlung entwickelt hatte. Aber er war sich nicht sicher. Wir mussten abwarten, was der Radiologe meinte, doch der würde erst in ein paar Tagen wieder da sein.

Ob Tumor oder Ödem, das Ding, das da in meinem rechten Frontallappen wuchs, war in jedem Fall unmittelbar lebensbedrohlich. In Anbetracht seiner Größe und der Beengung, die es in meinem Schädel verursachte, hätte schon eine kleine Veränderung des Drucks – durch einen Sturz, einen Schlag – gereicht, und ich hätte sterben können oder wäre zumindest behindert geblieben. Zu allem Überfluss hatte ich gerade einen dreitägigen Blitzbesuch in den Vereinigten Staaten hinter mir, und das mit dieser entsicherten Granate unter meinem Schädeldach. Jedes Luftloch hätte mein Ende sein können.

Draußen vor dem Zentrum für Radiologie rief ich meine Frau an. Ich sagte: »Es sieht nicht gut aus«, und brach in Tränen aus. Ich hörte, wie sie am anderen Ende der Leitung ebenfalls zu schluchzen anfing. Es war schrecklich. Mit dieser Last auf dem Herzen hätte ich die Stadt nicht eingesperrt in einem Auto durchqueren können. Also schwang ich mich im vollen Bewusstsein, welches Risiko ich einging, auf mein Rad.

Wenn ich diese Episode heute Freunden erzähle, schauen sie mich entgeistert an. Sie wissen, dass ich nicht verzweifelt bin, nicht einmal mutlos. Warum habe ich mich dann diesem unvernünftigen Risiko ausgesetzt? Gab ich für einen Augenblick einem Suizidimpuls nach? Oder

der »romantischen« Vorstellung, auf dem Pflaster von Paris einen schnellen Tod zu sterben? War ich versucht, mir monatelange Schmerzen und Ängste zu ersparen?

Im Allgemeinen gebe ich auf solche Fragen eine scherzhafte Antwort: »Ich konnte doch nicht mein Fahrrad dort lassen! Schließlich hänge ich sehr daran. Es ist mein Tornado. Kann man sich vorstellen, dass Zorro sein treues Schlachtross irgendwo auf freiem Feld zurücklässt?« Die Wahrheit ist, dass ich trotz allem, was mein Onkologe sagte, und obwohl ich ihm gerne glauben wollte, doch das Schlimmste befürchtete. Ich stand mit dem Rücken zur Wand.

Und da musste ich meinen Mut »testen«. Sehen, ob ich angesichts dieser Entscheidungsschlacht wieder so viel Kraft mobilisieren konnte wie bei den beiden früheren Operationen. Mit zwanzig Jahren mehr auf dem Buckel und einem Tumor im Kopf – wenn es denn ein Tumor war –, der noch größer war als damals, brauchte ich meine ganze Tapferkeit und Kaltblütigkeit.

So verrückt, so leichtsinnig mein »Fahrradtest« auch erscheinen mag, er erfüllte seine Funktion: Ich spürte, dass meine Lebenslust ungebrochen war und mit ihr auch meine Entschlossenheit. Ich wusste, dass ich mich nicht kampflos geschlagen geben würde.

Die große Müdigkeit

Erste beunruhigende Anzeichen hatten sich im Mai gezeigt, eineinhalb Monate vor der MRT-Aufnahme. Seit mehreren Wochen war mir aufgefallen, dass meine Beine wegsackten, als würden sie schlagartig alle Kraft verlieren. Ich erinnere mich noch genau daran, wie ich in meinem Arbeitszimmer stand, ein Buch im Regal suchte, und auf einmal lag ich auf den Knien am Boden. Einfach so! Ohne Vorwarnung.

Einige Tage später empfing ich eine Journalistin von M6, die mich zu Bernard Giraudeau interviewen wollte. Von ihr erfuhr ich, dass es dem Schauspieler und Regisseur sehr schlecht ging. Ich war tief betroffen, als ich ihre Fragen beantwortete. Nach dem Interview erhob ich mich und wollte sie zur Tür bringen. In dem Augenblick, als ich mich verabschieden wollte, fiel ich der Länge nach hin und riss sie mit zu Boden. Ihre Kamera stürzte auf mich, mein niedriger Tisch fiel um mit allem, was darauf stand, dem Tee, den Tassen … Sie schrie: »Hilfe! Hilfe!«, und machte das ganze Büro rebellisch, während ich am Boden lag. Die Situation war ziemlich peinlich. Die Journalistin konnte ihre Panik nicht verbergen. Ich stellte mir vor, dass sie bei sich dachte: »Mein Gott! Zweimal Bernard Giraudeau auf einen Schlag!« Ich versuchte sie zu beruhigen. »Ich bin gerade aus Amerika gekommen und stecke mitten im Jetlag. Außerdem ist mir seit ein paar Tagen schwindlig. Aber machen Sie sich keine Sorgen, ich weiß, was zu tun ist.«

Meine Symptome passten nicht richtig zu einem neurologischen Problem und auch nicht dazu, dass mein Tumor zurückgekehrt sein sollte. Es gab keinerlei Alarmzeichen, die auf Krebs hindeuteten. Mein letzter Gehirnscan vom Januar war perfekt gewesen, der nächste sollte im Juli gemacht werden. Ich spielte verschiedene mögliche Ursachen durch und befand schließlich, dass meine Schwächeanfälle von einer Anämie herrührten. In letzter Zeit hatte ich wegen Rückenschmerzen viel Ibuprofen geschluckt, nun vermutete ich, die hohe Dosis hätte ein Geschwür in meinem Verdauungstrakt verursacht, das blutete und Anämie und Schwindel zur Folge hatte. Ich nahm mir vor, möglichst bald zu einer gründlichen Untersuchung zu gehen.

Zu der Zeit war ich mit meinem *Antikrebs-Buch* dauernd unterwegs. Ich hielt Vorträge, trat in Radio- und Fernsehsendungen auf, vor allem in Amerika, wo das Buch auf großes Interesse gestoßen war. Ich schob meine Müdigkeit auf die vielen Flüge, auf die Zeitverschiebung, auf den Stress, öffentlich zu sprechen.

Kurz nach dem Interview mit M6 und obwohl ich

mich nicht richtig fit fühlte, musste ich schnell nach Detroit zu einem wichtigen Fernsehauftritt bei einem nationalen Sender fliegen. Als ich im Studio ankam, war ich aschfahl. Ich sagte der Maskenbildnerin: »Sie müssen mich verwandeln.« Sie antwortete: »Machen Sie sich keine Sorgen, Sie werden topfit aussehen.« In den zwei Stunden, die wir auf Sendung waren, überspannte ich den Bogen. Ich lächelte, vermittelte den Eindruck, dass es mir Spaß machte, und wirkte in der Tat topfit. Danach war ich am Ende und fuhr direkt ins Hotel. Ich wollte nur schlafen, denn am nächsten Morgen musste ich schon wieder nach Hause fliegen.

Beim Aufwachen war es noch schlimmer; vor allem hatte ich schreckliche Kopfschmerzen. Es kostete mich große Anstrengung, aufzustehen und zu frühstücken. Auf dem Weg zum Flughafen ließ ich das Taxi bei einer Apotheke anhalten, weil ich Paracetamol kaufen wollte. Während ich nach dem Medikament suchte, stürzte ich mit Getöse in ein Regal, und der gesamte Inhalt verteilte sich auf dem Fußboden. Man half mir, wieder auf die Füße zu kommen, wollte mich unbedingt in ein Krankenhaus bringen. Aber ich wollte auf keinen Fall meinen Heimflug versäumen und stieg wieder ins Taxi.

Doch ich konnte nicht mehr verleugnen, dass etwas ganz und gar nicht in Ordnung war. Vom Taxi aus rief ich einen Freund in Paris an und bat ihn, mich als Notfall für eine MRT-Untersuchung anzumelden. Danach rief ich meine Mutter an und bat sie, mich am Flughafen Roissy abzuholen. Meine Beine fühlten sich so wacklig an, dass ich fürchtete, ich würde es nicht allein nach Hause schaffen. Tatsächlich stürzte ich auf dem Flughafen von Detroit mehrfach.

The Big One

Am Tag nach der Rückkehr ging ich zu der MRT-Untersuchung. Als ich begriffen hatte, was diese große Kugel bedeutete, die innerhalb von vier Monaten in meinem Kopf gewachsen war, entschied ich ganz bewusst und entgegen meiner sonstigen Gewohnheit, dass ich die Bilder nicht sehen wollte. Ich wollte keine »schlimmen Bilder« im Kopf haben, selbst wenn mein Onkologe ausschloss, dass es ein Tumor war. Bis heute habe ich die Bilder nicht gesehen. Das hat nichts mit Aberglauben zu tun. Ich glaube an die Beeinflussbarkeit des Geistes und die Macht der Bilder. Ich bin überzeugt, dass es besser ist, Bilder, die uns zu sehr ängstigen, nicht anzuschauen, denn wie die Redensart sagt: Angst ist ein schlechter Ratgeber. Später, als ich erfahren hatte, dass das vermeintliche Ödem in Wahrheit ein bösartiger Tumor war, versuchte ich, möglichst viel darüber herauszufinden, um mich möglichst gut verteidigen zu können. Aber ich wollte mich nicht von Bildern »besetzen« lassen, die so überwältigend waren, dass sie mich womöglich mutlos machten, mich denken ließen: Das schaffe ich nicht.

Spielte Verleugnung bei dieser Entscheidung mit? Bestimmt ein bisschen. Aber Studien haben gezeigt, dass Verleugnung nicht *per se,* nicht immer eine schlechte Strategie ist, vor allem wenn die Prognose und die Statistiken eindeutig düster sind. Tatsächlich gibt es zwei Arten von Verleugnung. Die erste tritt bei Menschen auf, die von der Krankheit so erschreckt sind, dass sie davon nichts wissen, sich womöglich nicht einmal behandeln lassen wollen. Diese Art der Verleugnung ist extrem gefährlich. Die zweite Form kennen all jene gut, die, im Gegenteil, auf ihre Gesundheit achten und sich an das halten, was ihr Arzt sagt. Sie wissen, dass eine optimistische Verfassung hilft, zu leben – vielleicht sogar, gesund zu werden. All mein Nachdenken hat mich zu der Auffassung geführt, dass das, was »zu leben hilft«, tatsächlich die Lebenskraft stärkt, die jeder lebendige Organismus besitzt. Und umgekehrt beeinträchtigt alles, was an der Lebenslust zehrt, unsere Heilungskräfte.

Trotz allem war ein Ödem die bessere Aussicht. Natürlich flüsterte eine leise innere Stimme: »Zu schön, um wahr zu sein.« Weil ich warten musste, was der Radiologe sagen würde, beschloss ich, nach Le Mans zu fahren, wo ich vor zweihundert Journalisten sprechen sollte, die dort an einer internationalen Tagung teilnahmen, bei der es um den Kampf gegen Müdigkeit ging. Angesichts meiner eigenen Erschöpfung war die Entscheidung einigermaßen absurd, aber ich wollte nicht in letzter Minute absagen.

Am Vorabend meines Vortrags brach ich in meinem Hotelzimmer auf dem Weg ins Bad zusammen und musste mich zum Bett schleppen. Am nächsten Morgen ging es mir besser. Doch beim Aussteigen aus dem Taxi stürzte ich erneut. Erschwerend war hinzugekommen, dass ich auf einmal erkennbar schielte. Kurz erwog ich, bei meinem Vortrag eine Sonnenbrille zu tragen, doch schließlich zog ich es vor, beim Sprechen meinen Blick unaufhörlich von rechts nach links über die Zuhörer schweifen zu lassen. Offenbar merkte niemand, dass meine Augen in unterschiedliche Richtungen strebten.

Am Tag danach sollte ich zu einer seit Langem vereinbarten Arbeitsbesprechung nach Köln fahren. Da ich immer noch so unsicher auf den Beinen war, begleitete mich mein Bruder Émile auf der Zugfahrt. Als wir den Bahnhof verließen, knickten meine Beine wieder weg. Émile bestand darauf, mich in die Notaufnahme zu bringen. Ich erinnerte mich, dass ich einige Monate zuvor bei einer dreitägigen Fortbildungsveranstaltung, die ich in Köln zu den Themen meines *Antikrebs-Buchs* gehalten hatte, hervorragende Neurochirurgen kennengelernt hatte. Ihre Offenheit und ihre extrem präzisen Ansätze hatten mich sehr beeindruckt. Wir riefen eine Neurochirurgin an, die ich sympathisch gefunden hatte. Ihre Reaktion, als ich ihr meinen Zustand und die Ergebnisse der Gehirnaufnahme beschrieb, war eindeutig: »Nehmen Sie ein Taxi und kommen

Sie sofort her!« Ihre Worte waren nicht beruhigend, aber zugleich fühlte ich mich fest an die Hand genommen. In der Klinik führten sie sofort eine weitere MRT-Untersuchung durch. Diesmal war das Urteil klar: kein Ödem, sondern ein Rückfall.

Es war »der« Rückfall. Der große, bösartige, der quasi finale. »The Big One«, wie die Kalifornier sagen, wenn sie von dem großen Erdbeben sprechen, das sich eines Tages an der Westküste ereignen wird. Ich wusste, dass das irgendwann passieren würde. Ich kannte die Prognosen meiner Krebserkrankung. Früher oder später würde sie zurückkehren. Ich konnte den Zeitpunkt hinauszögern, konnte einige Jahre Atempause gewinnen. Aber ich konnte diesen Tumor nicht für immer zum Verschwinden bringen. Nun war es so weit. Was ich lange gefürchtet hatte, war eingetreten.

Um ganz ehrlich zu sein: Ein Teil von mir hatte insgeheim zu glauben begonnen, dass der Krebs doch nicht wiederkehren würde. Aber der vernünftigere Teil hatte immer gesagt: »Er wird wiederkommen.« Und hatte hinzugefügt: »Wenn er wiederkommt, werden wir es bewältigen.«

Und das habe ich gemacht. Wie mich mein »Fahrradtest« hatte hoffen lassen, schaltete ich fast sofort auf »Bewältigungsmodus«.

Köln vom Bett aus

Der Tumor war so groß und drückte so stark auf mein Gehirn, dass die Ärzte in Köln entschieden, ich müsse unverzüglich operiert werden.

Bei allem Unglück hatte ich doch noch viel Glück. Wenn es ein Krankenhaus gab, in dem ich mich gern operieren ließ, dann die Universitätsklinik in Köln. Sie bietet eine seltene und in meinem Augen sehr wertvolle Besonderheit: Obwohl sie bei allen Spitzentechnologien ganz vorn dabei ist, ist sie auch sehr offen für unkonventionelle Ansätze. Besser noch: Die Ärzte zögern nicht, sie auch anzuwenden. Die Abteilung Naturheilkunde führt zum Beispiel gemeinsame Forschungsprojekte mit der Abteilung Gehirnchirurgie zu therapeutischen Methoden durch, die beide Ansätze verbinden, und die Ergebnisse werden in den renommiertesten onkologischen Zeitschriften veröffentlicht! Meines Wissens praktiziert nicht eine große französische Klinik eine solche fruchtbare interdisziplinäre Kooperation.

Bei der Fortbildungsveranstaltung, die ich gehalten hatte, hatte ich Neurochirurgen kennengelernt, die mich mit ihren revolutionären Methoden sehr beeindruckten. Eine Methode besteht darin, nach Entfernung des Tumors radioaktive Kügelchen in das Gehirn einzusetzen, genau an der vom Krebs betroffenen Stelle. Die Kügelchen wirken ganz konzentriert lokal und zerstören Tumorzellen, die dem Skalpell des Chirurgen möglicherweise entgangen sind. Dieses Verfahren ist unendlich präziser als die klassische Bestrahlung von außen, bei der der breite Röntgenstrahl sowohl den Tumor als auch das gesunde Gewebe in der Umgebung trifft, und hat deshalb sehr viel weniger Nebenwirkungen. Die Kölner Neurochirurgen hatten mir versichert: »Wir erzielen sehr gute Erfolge mit dieser Methode. Wenn Ihr Tumor einmal zurückkehren sollte, denken Sie daran, dass wir Ihnen helfen können.«

In Anbetracht meines ernsten Zustands kam eine Verlegung nicht infrage. Ich konnte nicht nach Frankreich heimreisen, allenfalls im Rahmen eines Krankenrücktransports in einem Krankenwagen. Trotzdem zögerte ich, mich auf der Stelle operieren zu lassen, denn ich fürchtete die weite Entfernung zu meiner »Basis«. Aber in Köln waren alle sehr hilfsbereit. Einige Ärzte und Schwestern sprachen sogar hervorragend Französisch und freuten sich, ihre Sprachkenntnisse bei mir anwenden zu können.

Meine Brüder und meine Freunde fragen mich manchmal, ob ich im letzten Sommer angesichts dieser hartnäckigen Krankheit nicht Resignation empfunden habe, angesichts der Notwendigkeit, mich wieder operieren und bestrahlen zu lassen und vielleicht eine weitere Chemotherapie absolvieren zu müssen. War mir nicht zumindest flüchtig der Gedanke gekommen, auf all das zu verzichten? Ihnen antworte ich ohne Zögern: »Ganz und gar nicht.« Mit Heldentum hat das nichts zu tun. Ich denke, Resignation stellt sich ein, wenn das Leiden zu lange dauert. Oder die Übelkeit, die Schwäche, die Demütigung – alles Formen des Leidens. Bis heute ist es mir gelungen, dies alles weitgehend zu vermeiden. Und ich hoffe, dass es so bleibt.

Ich wusste sofort, ohne den Hauch eines Zweifels, dass ich tun würde, was nötig war, um zu kämpfen. Ich würde nach den Therapien der Schulmedizin suchen, die für meine Situation am besten geeignet waren. Und ich würde sie mit meinem Antikrebs-Programm unterstützen. Natürlich musste ich angesichts meines Kräfteverfalls beim körperlichen Training Abstriche machen. Fahrradfahren war beispielsweise zu gefährlich. Ein Tumor dieser Größe, vor allem wenn er im Frontallappen lokalisiert ist, erhöht das Risiko für epileptische Anfälle stark. Und einen epileptischen Anfall erleidet man besser zu Fuß als auf dem Fahrrad … Aber nichts hinderte mich daran, zu Fuß zu gehen, und ich war entschlossen, das mindestens eine halbe Stunde täglich zu tun. Außerdem würde ich den Kampf an allen anderen Fronten fortführen: Ernährung, Yoga, Meditation …

Der Club der Lebenden

Émile war bereits da, meine anderen Brüder Franklin und dann auch Édouard kamen ebenfalls und boten mir ihre Hilfe an. Ihre Anwesenheit war lebenswichtig für mich. Ich war so ermattet, dass ich nicht klar denken konnte. Und es gab eine Fülle praktischer Aufgaben zu erledigen: natürlich die Aufnahmeformalitäten, dann auch Gespräche mit den Ärzten, um zu erfahren, was passieren würde, worauf ich mich einzustellen hatte, und auch alle anderen, die mich während der Zeit im Krankenhaus unterstützen würden. War das der Druck des Tumors in meinem Kopf? Mein Gehirn machte nicht mit, ich konnte nicht nachdenken, keine Entscheidungen treffen. Ich brauchte mentale Hilfe von jemandem, dem ich uneingeschränkt vertrauen konnte.

Meine Frau war schwanger und konnte nicht nach Köln kommen, so sehr sie es auch wollte. Außerdem waren mir nach der Operation die radioaktiven Kügelchen eingesetzt worden, und ich sandte Strahlen aus, die für das Kind in ihrem Bauch möglicherweise schädlich waren. Um uns über die erzwungene Trennung hinwegzutrösten, hielten wir den Kontakt durch lange, zärtliche Telefongespräche, die mir sehr guttaten.

Die Unterstützung meiner Familie empfand ich wie ein Geschenk des Himmels. Es ist ein enormes Glück, einer großen Familie anzugehören – vier Brüder, rund zwanzig Cousins und Cousinen, alle sehr eng miteinander verbunden –, und diese Familie scharte sich komplett um mich und scheute keine Mühe, um mir in diesem kritischen Augenblick zu Hilfe zu kommen. Solange ich in Köln im Krankenhaus lag, wechselten sich meine Brüder ab, damit ich nie allein war. Jeden Abend schlief einer von ihnen in einem Feldbett neben meinem Krankenhausbett. Ich erinnere mich, wie ich einmal nachts, als ich auf die Toilette gehen wollte, den Schutzengel weckte, der an diesem Tag bei mir war – indem ich über ihn stolperte. Nach dem ersten Schreck haben wir beide sehr gelacht.

Obwohl die Operation schwer war, erlebten wir sehr schöne Augenblicke miteinander. Am Morgen hörten wir Musik, abends schauten wir uns Filme an. Tagsüber bewunderten wir die hübschen deutschen Krankenschwestern, etwas, das ich zur Stärkung der Lebenskraft nur sehr empfehlen kann … Glücklicherweise fiel mein Krankenhausaufenthalt in die Zeit der Fußballweltmeisterschaft, und ich verfolgte die Spiele leidenschaftlich. Endlich hatte ich Zeit für ein altes Interesse, das ich lange vernachlässigt hatte, weil ich so von meiner Arbeit in Anspruch genommen war.

Das Essen im Krankenhaus war erschreckend. Oft bestand es aus einer Scheibe Salami und einem Stückchen Käse in Plastik auf Toastbrot – das Gegenteil der Antikrebs-Ernährung. Meine Mutter hatte sich mit der Wirtin des Bella Vista, eines hervorragenden italienischen Lokals in der Nähe, angefreundet, und die beiden verwöhnten mich mit exquisiten mediterranen Gerichten, die sie extra für mich zubereiten ließen.

Sascha, mein fünfzehnjähriger Sohn, kam ebenfalls. Ich sehe ihn nicht oft, denn er lebt bei seiner Mutter in den Vereinigten Staaten; in unserer Beziehung gibt es viele Leerstellen. Wir telefonierten natürlich jeden Tag miteinander; dabei merkte ich, wie sehr er sich sorgte. Nicht nur um meine Gesundheit, sondern unterschwellig auch, weil er fürchtete, dass die Krankheit mich stark verändert haben könnte. Der erste Abend zusammen war sehr schön. Danach übernachtete er mit meiner Mutter in einem Zimmer und machte ihr ein bewegendes Geständnis: »Weißt du, ich fühle mich jetzt viel besser, weil es immer noch derselbe Papa ist. Er hat sich nicht verändert!«

Als ich im Rehazentrum war, organisierten meine Brüder »umschichtige« Besuche; manche Besucher übernachteten auch im Haus. Das war eine größere Sache, denn in meinen zwei Monaten in Köln kamen mich viele Freunde besuchen.

Jeder, der einmal ernste gesundheitliche Probleme

hatte, kennt das: Wenn man krank und hinfällig ist, fühlt man sich schnell einsam und verlassen. Man kann sich nicht allein umdrehen, man kann sich nicht allein auf einen Stuhl setzen, man kann nicht telefonieren, seine E-Mails nicht beantworten. Die Hinfälligkeit ist nicht nur schwer auszuhalten, sie beeinträchtigt auch die Würde. Ich erinnere mich, dass es mir im Krankenhaus oft so vorkam, als würde ich schlecht riechen, obwohl die Krankenschwestern mir jeden Tag sehr behutsam beim Waschen halfen. Am liebsten hätte ich geduscht, bevor sie kamen, um ihnen den Umgang mit einem Kranken zu ersparen, der nicht nach Rosen duftete … Trotz allem ist eine Umgebung, die Anteil nimmt, ein großes Glück. Für einen Kranken macht es einen enormen Unterschied, wenn er auf Hilfe beim Duschen, beim Zähneputzen, beim Anziehen und Ausziehen, beim Zubettgehen und Aufstehen zählen kann.

Die affektive Seite ist natürlich auch wichtig. Je kränker man ist, desto einsamer fühlt man sich und desto ängstlicher und deprimierter. Umgekehrt gilt: Je mehr Kontakt man hat, desto mehr fühlt man sich mit dem Leben verbunden und mit allem, was Lust zu leben macht. Oft reichen schon ganz einfache Dinge: gemeinsam einen Film anschauen, Karten spielen, sich Geschichten erzählen, sich gemeinsam an Dinge erinnern, ein Wochenende oder einen Urlaub planen … Die Kranken müssen zwar auf ihren

Lebensmodus »davor« verzichten, aber sie wollen immer noch »dazugehören« – zum Club der Lebenden, die »etwas unternehmen« und »ihr Leben leben«.

Rückkehr ins Aquarium

Meine früheren Erfahrungen mit Krankenhausaufenthalten hatten mich gelehrt, dass alles sozusagen von allein »läuft«, sobald die Phase der Behandlungen beginnt. Man denkt nicht mehr darüber nach, was am nächsten Tag sein wird oder nur in der nächsten Stunde. Man kämpft eine Vielzahl kleiner Schlachten: aufstehen, essen, versuchen, es halbwegs erträglich zu haben trotz Kopfschmerzen, Übelkeit, den vielen Spritzen und all den anderen körperlichen Schmerzen; die Kraft finden, um zu sprechen, zuzuhören, in Kontakt zu bleiben … Es sind winzige Schlachten, aber weil sie ohne Unterbrechung aufeinanderfolgen, nehmen sie die ganze Aufmerksamkeit in Anspruch. Es gibt auch größere Schlachten: die Untersuchungen, die Narkose, die Operation und so weiter. Die verbliebenen Kräfte konzentriert man auf das Wesentliche: die Verbindung zur Familie, zu den Kindern, den Brüdern erhalten …

Ich erinnere mich an anhaltende Kopfschmerzen in den ersten Tagen nach der Operation, die quälender waren als alles, was ich aus der Vergangenheit kannte; das hing mit der Größe des Tumors zusammen, den man bei mir ent-

fernt hatte. Der Schmerz blockiert alles. Man hat keine
Lust zu lesen, keine Lust zu essen, nicht einmal fernsehen
mag man. Man hat zu nichts Lust. Glücklicherweise kümmern sich die Ärzte inzwischen gut darum. Ich bat schließlich um Morphium, das man heute so verabreichen kann,
dass keine Abhängigkeit entsteht.

Von den »Prüfungen«, die man im Krankenhaus bestehen muss, fürchte ich die Narkose am meisten. Zunächst
einmal, weil man eine Spritze bekommt, und ich mag
Spritzen nicht, obwohl – oder vielleicht weil – ich schon so
viele ertragen musste … Vor allem aber verliert man die
Kontrolle über sein Denken. Man ist da, und auf einmal …
ist alles weg. Dieses Gefühl, dass man regelrecht abgeschal-
tet wird, ist bei einer Gehirnoperation besonders bedroh-
lich. Woody Allen hat einmal gesagt: »Das Gehirn ist im-
merhin das zweitwichtigste Organ.« Für mich ist es das
wichtigste. Ich hänge sehr an ihm. Ich habe meinem Gehirn viel Zeit gewidmet, habe es gestärkt, trainiert, habe es
auf bestimmte Aufgaben vorbereitet. Dass man mir ein
großes Stück davon herausschneidet, ist für sich allein
schon eine beängstigende Vorstellung.

Ich erinnere mich an meine Angst vor fast zwanzig Jahren, als ich zum ersten Mal am Gehirn operiert wurde. Ich
wusste, dass die Chirurgen weit im Gesunden um den Tumor herum schneiden würden, damit möglichst keine bösartigen Zellen zurückblieben. Sobald ich aus der Narkose

erwachte, machte ich mit meiner linken Hand »Tonlei-tern« auf der Bettdecke, um mich zu vergewissern, dass sie mir nicht zu viele wichtige Dinge aus dem rechten Frontallappen herausgeschnitten hatten. Ich war sehr erleichtert, als meine Hand gehorchte.

Von der Motorik abgesehen, besteht bei einem Eingriff am rechten Frontallappen auch die – noch beunruhigendere – Gefahr von psychischen Veränderungen, besonders bei den Affekten. Normalerweise hat man keine Lust, sich affektiv zu verändern. Wir möchten weiterhin das lieben, was wir lieben, von dem berührt werden, was uns bewegt, das hassen, bewundern oder verachten, was wir nun einmal hassen, bewundern oder verachten. Bei meiner ersten Operation hatte ich furchtbare Angst bei dem Gedanken, dass ich womöglich mit einer anderen Persönlichkeit aufwachen könnte als der, mit der ich eingeschlafen war. Würde ich mich nach dem Erwachen wiedererkennen? Oder würde ich plötzlich mit einem Fremden in meinem Kopf zusammenleben müssen? Oder auch: Würde ich im Lauf der Zeit feststellen, dass ich nicht mehr derselbe war? Nach welcher Zeit? Und selbst wenn ich annahm, mich nach dem Aufwachen ohne Probleme »wiederzufinden« – konnte ich denn sicher sein, dass ich immer noch ich war?

Damals hatten meine Brüder, wie immer an meiner Seite und unerschrocken in jeder Prüfung, diese schwindelerregenden Ungewissheiten zerstreut. Sie sagten mir, sie fänden mich nicht sehr verändert. Höchstens hätten sie bemerkt, dass ich »näher am Wasser gebaut« sei und mir schneller die Tränen kämen, zum Beispiel bei einem sentimentalen Film oder beim Musikhören. Nach meiner Genesung arbeitete ich wieder als Psychiater; dabei registrierte ich, dass die Menschen mich viel mehr bewegten. Das war tatsächlich eine beachtliche Veränderung, vor allem in meinem Beruf. Staunend entdeckte ich, dass mich meine Patienten zutiefst berührten.

Natürlich hilft es, hinter den Spiegel zu gehen und selbst Patient gewesen zu sein, die Ängste, Schmerzen und Hoffnungen eines Kranken erfahren zu haben, um menschlicher zu werden, besser fähig zu sein, der *conditio humana* Rechnung zu tragen. Aber ich bin überzeugt, dass in meinem Fall die Operation ausschlaggebend war, denn ich bin dabei sensibler geworden, sogar extrem sensibel, als wandele ich emotional ständig auf einem schmalen Grat.

Der Eingriff letztes Jahr im Sommer war die dritte Operation an meinem Frontallappen. Das dritte Mal, dass ich womöglich riskierte, »meine Seele zu verlieren«. Ich sah der Narkose mit großen Befürchtungen entgegen. Glücklicherweise stellte ich nach dem Aufwachen wie bei den beiden vorigen Malen fest, dass ich immer noch derselbe war. Ich fühlte mich zwar wie in Watte gepackt, war aber sehr erleichtert, dass in dem vertrauten »Aquarium« meines Geistes immer noch dieselben Gedanken herumschwammen.

Der Vampir von Löwen

Eine Woche später setzte man mir die berühmten radioaktiven Kügelchen ein, die mein Gehirn von den Krebszellen »reinigen« sollten, die in Gewebe vorgedrungen waren,
das mit dem Skalpell nicht zu erreichen war. Die Kügelchen geben automatisch ihre radioaktive Strahlung ab, bis
sie erschöpft ist. Wie bei einer Bestrahlung von außen ist
die Wirkung nicht sofort messbar.

Ich wollte meine Behandlung noch durch eine weitere
experimentelle Methode ergänzen: einen »Impfstoff«,
der für meinen Tumor »maßgefertigt« werden sollte. Das
Krankenhaus in Pittsburgh, in dem ich lange gearbeitet
habe, gehört zu der Handvoll Kliniken weltweit, die diese
faszinierende Methode testen, die ihre Wirksamkeit bei bestimmten Krebsarten unter Beweis gestellt hat – unter anderem bei Gehirntumoren. Aber es war undenkbar, dass
ich auf die andere Seite des Atlantiks fliegen könnte.
Durch einen glücklichen Zufall hatte mein Bruder Franklin von einem Patienten erfahren, der eine ähnliche Behandlung nicht in Amerika, sondern im belgischen Löwen
bekommen hatte, hundertachtzig Kilometer von Köln ent-

fernt! Beim Nachforschen stellte sich heraus, dass das Team von Professor Stefaan Van Gool an der Universität Löwen mit hundertsiebzig behandelten Fällen bei dieser Behandlungsmethode sogar ganz an der Spitze steht. Mein Fall passte gut in ihr Forschungsprotokoll.

Bei der in Löwen praktizierten Methode werden zwanzig Prozent der weißen Blutkörperchen des Patienten entnommen und dann im Labor in Kontakt mit dem herausoperierten Tumor gebracht, was den Effekt hat, die weißen Blutkörperchen für die Proteine auf der Oberfläche der Tumorzellen zu sensibilisieren. Danach werden die derart »konditionierten« Blutkörperchen nach und nach ihrem »Besitzer« wieder injiziert und wirken in seinem Organismus genau wie ein Impfstoff: Sie mobilisieren das Immunsystem gegen alles, was auf der Oberfläche diese bestimmten Proteine hat. Die kleinen Soldaten des Immunsystems machen dann Jagd auf die Krebszellen in sämtlichen Ecken des Körpers, in denen sie sich versteckt halten könnten.

Keine andere Methode funktioniert so zielgerichtet. Verglichen mit solchen »hyperchirurgischen Schlägen« gleicht die Chemotherapie einem Napalmangriff oder einem Bombenteppich. Außerdem sind die Ergebnisse der Behandlung beachtlich. Nach aktuellen Statistiken schafft es der Impfstoff, zwanzig Prozent der Tumoren »komplett auszuräumen«. Ein Fünftel der Krebsfälle vollkommen geheilt: Das ist eindrucksvoll.

Der faszinierende Ansatz, das Immunsystem so zu konditionieren, damit es sich zu hundert Prozent auf den klar identifizierten Feind stürzen kann, wird gegenwärtig bei Melanomen, Nierenkrebs und Gebärmutterhalskrebs angewendet. In der Zukunft werden immer mehr Patienten von dem Verfahren profitieren können.

Bald nach der Operation brachte mich Franklin nach Löwen, wo mir weiße Blutkörperchen entnommen werden sollten. Nach der beschriebenen Behandlung sollten sie mir zuerst einmal pro Woche, dann einmal pro Monat als Impfung verabreicht werden.

Aber zunächst musste ich die Prozedur überstehen, bei der zwanzig Prozent meiner weißen Blutkörperchen entnommen wurden. Dazu wurde mir in der Armbeuge eine Nadel gelegt, durch die mein ganzes Blut aus meinem Körper heraus und durch eine Zentrifuge floss, fünfmal hintereinander, in der die weißen Blutkörperchen herausgefiltert wurden. Unwillkürlich empfand ich diese Maschine, die mir auf der einen Seite das Blut heraussaugte und auf der anderen Seite wieder injizierte, als eine Art Vampir. Außerdem dauerte der Vorgang entsetzlich lang, was ich nicht wusste. Nach zwei Stunden, als die Nadel in meiner Armbeuge höllisch zu schmerzen begann, fragte ich eine Krankenschwester: »Dauert es noch lange?« Die Antwort lautete: »Wir sind fast fertig. Es dauert nur noch zweieinhalb Stunden.« Und ich hatte nur ein Hörbuch dabei, um mich abzulenken, nicht einmal ein besonders fröhliches: *David Copperfield* von Dickens.

Das Erlebnis war so belastend, dass ich mich später, als ich für einen zweiten Versuch, den Impfstoff zu gewinnen, noch einmal hinfuhr, besser vorbereitete. Ich nahm zwei Videos mit: einen Trickfilm, den ich sehr empfehlen kann, *Spirit, der wilde Mustang,* und die Komödie *Mrs. Doubtfire.* Gleich bei der Ankunft fasste ich mir ein Herz und sagte: »Bitte keine Nadel in den Arm, das tut zu weh.« Die Reaktion des Pflegepersonals erstaunte mich: kein Ärger und keine Verstimmung, sondern im Gegenteil viel Freundlichkeit und Verständnis. Sie fanden eine Alternative und legten einen Zugang am Hals, was den gewaltigen Vorteil hat, keine Schmerzen zu verursachen.

Das kleine Abenteuer hat mir etwas klargemacht: Man darf im Krankenhaus nicht versuchen, den Helden zu spielen. Als Arzt hatte ich eher die Einstellung: »Na los, kein Problem, stechen Sie die Nadel rein!«, und dabei litt ich genauso wie jeder andere. Ich musste erst fast fünfzig werden, bis ich verstand, dass es besser ist, bescheidener zu sein — und sich damit Leid zu ersparen.

Die kalte Dusche

Ein Zeichen, dass nach einem schweren chirurgischen Eingriff die Lebenskräfte wiederkommen, ist die Rückkehr des Appetits. Man hat wieder Hunger, hat Lust auf schmackhafte Nahrung. Ich erinnere mich mit Genuss an Mahlzeiten in kleinen Kneipen in der Nähe des Krankenhauses. An einem Tisch draußen, in der Sonne, vor einem herrlichen Teller Pasta mit Meeresfrüchten, empfand ich wieder Lebensfreude. Aber das bewegendste Zeichen ist die Rückkehr eines anderen Appetits: des Begehrens. Als ich meine Frau zum ersten Mal wieder liebte, fühlte ich, wie ich wieder ein Mann wurde. Begehren und Zärtlichkeit zugleich: Das macht die Schönheit der Sexualität aus. Allerdings ist ein Krankenzimmer, das man nicht abschließen kann, nicht der ideale Ort für eine romantische Wiederbegegnung ...

Zurück in Paris, nahm ich wieder ein fast normales Leben auf. Ich konnte nicht mehr Fahrrad fahren und auch nicht mehr ins Büro gehen. Ich musste mich ausruhen, jeden Tag eine lange Mittagspause einlegen. Aber meine Beine wurden fester, mein linkes Auge kehrte wieder an seinen Platz zurück, mein Schielen verschwand, und ich konnte wieder lesen. Ich begann, zu Hause zu arbeiten, beantwortete Briefe, gab Interviews am Telefon. Ich konnte sogar einen Vortrag über alternative Heilmethoden an der Königlichen Akademie für Chirurgie in Holland halten. Die Akademie ist nicht unbedingt der beste Platz für ein solches Thema, und ich war nicht direkt in Hochform. Trotzdem spürte ich, dass es mir gelang, das Interesse der Zuhörer zu wecken. Ich war auf einem guten Weg und entschlossen, dem Impfstoff zu vertrauen.

Die nächste Kontrolluntersuchung im Oktober zeigte keinerlei verdächtige Schatten. Außerdem hatte ich keine Symptome, keine Spur von Migräne und kein wattiges Gefühl in den Beinen. Aber die zweite Kontrolle im Dezember brachte die kalte Dusche: Der Tumor, oder vielmehr ein Tumor, war wieder da. Meine Frau stand einen Monat vor der Niederkunft, trotzdem hatte sie mich in das radiologische Zentrum begleiten wollen. Sie war dabei, als man mir das Ergebnis mitteilte. Sie litt unbeschreiblich. Wir waren beide so erschüttert, dass wir uns erst einmal im Wartezimmer hinsetzen mussten. Dann gingen wir zum Mittagessen in ein Restaurant in der Nähe des Krankenhauses. Immer wieder sagten wir: »Es ist wieder da, es geht alles wieder von vorne los«, und weinten vor unseren Tellern. »Wir werden wie immer alles tun, was getan werden muss, und wir werden es schaffen«, sagte Gwenaëlle. »Ich werde für dich da sein.«

In kritischen Situationen ist die beste Vorbeugung gegen Verzweiflung, wenn man sich ganz auf das Handeln konzentriert. Aber zuerst einmal muss man anerkennen, dass die Situation emotional sehr schwer ist, man muss sich erinnern, dass man mit dem Ehepartner, seinen Nächsten in einem Boot sitzt. Dann kann man die praktischen Entscheidungen angehen und sich darum kümmern, dass alles einen guten Weg geht.

Der neue Tumor war an derselben Stelle gewachsen, aber er war glücklicherweise längst nicht so groß und viel weniger aggressiv. Wahrscheinlich handelte es sich um eine Mutation des vorigen Tumors; das erklärte, warum der Impfstoff nicht gewirkt hatte. Die Ärzte sagten mir: »Wir können das gut operieren, wir können sofort wieder operieren.« Ich hatte gar keine Zeit, mutlos zu werden. Eine Woche später wurde ich operiert.

Weil die Wucherung diesmal sehr klein war, konnten die Chirurgen sie komplett entfernen. Die Operation war so erfolgreich, dass keine zusätzliche Bestrahlung nötig war und ich das Krankenhaus bald wieder verlassen konnte. Ich beschloss, danach nicht in eine Rehaklinik zu gehen. Meine Frau stand kurz vor der Niederkunft, und ich wollte bei der Geburt meiner Tochter Anna unbedingt dabei sein. Dieses herrliche Ereignis wollte ich miterleben.

Was den Impfstoff anbetraf, musste alles wieder bei null beginnen. Da der neue Tumor eine Mutation war, musste ein neuer maßgeschneiderter Impfstoff hergestellt werden, in der Hoffnung, damit den Tumor zu bekämpfen. Der erste Versuch war zwar nicht überzeugend gewesen, aber der Plan war gut. Ich hatte die Zahlen nicht vergessen: zwanzig Prozent vollständige Heilung. Das rechtfertigte einen zweiten Versuch.

Fünfzig Jahre:
Der Elefant, der Schädel und der Wind

Der Impfstoff konnte den Krebs nicht aufhalten. Ende Februar, nach den vier ersten Injektionen, zeigte eine routinemäßige MRT-Aufnahme das, was die Radiologen »Kontrastzonen« nennen. Im Klartext heißt das: Zonen mit Krebswachstum. Eine Woche später traten wieder starke Symptome auf: Ich hatte anhaltende Kopfschmerzen, zog das linke Bein nach, die linke Hand gehorchte mir nicht. Die Ärzte folgerten daraus, dass der Krebs wieder gewachsen war und außerdem ein Ödem auf den Bereich des Kortex drückte, der für die motorische Koordination zuständig ist. Diesmal konnten die Neurochirurgen nicht operieren: Es handelte sich nicht um einen klar abgegrenzten Tumor, sondern um verstreute Krebszellen, die sich mit dem Skalpell nicht einzeln entfernen ließen.

In Löwen erklärte man mir, dass es zumindest teilweise an dem Impfstoff lag, dass die Zellen keinen kompakten Tumor bildeten. Der Impfstoff bewirkte einen hinreichenden Druck des Immunsystems, um das Tumorwachstum in Schach zu halten. Unterdessen waren die bösartigen Zellen in Bereiche meines rechten motorischen Kortex eingedrungen und beeinträchtigen meine Fähigkeit, das linke Bein und den linken Arm zu bewegen. Zusammen mit dem Arzt, dem ich vollkommen vertraute, entschied ich mich für eine antiangiogenetische Behandlung (Avastin) parallel zur Injektion des Impfstoffs.

Seit einigen Wochen kann ich nicht mehr mit beiden Händen tippen, und das Gehen fällt mir sehr schwer. Ich bin oft müde. Lesen ist wieder schwierig. Weil mir die Stimme versagt, spreche ich sehr leise, wie wenn ich jemandem ins Ohr flüstere. Ich halte mit meinen Kräften Haus, denn ich weiß, dass ich sie brauchen werde, um den Abhang wieder zu erklimmen.

In diesem Jahr ist mein fünfzigster Geburtstag. Mit der Hilfe meiner Brüder habe ich an einem milden Aprilabend in Paris ein Fest gegeben. Ich habe alle Menschen eingeladen, die ich liebe. Einige Freunde wussten, wie es um mich steht, andere nicht. Sie sollten die Nachricht von mir erfahren, ich wollte die Dinge selbst benennen. Ich habe lange über meine kurze Ansprache nachgedacht. Musste ich Klartext reden, die technischen Begriffe verwenden und die Zahlen zitieren? Oder war es besser, im Ungefähren zu bleiben?

Ich entschied mich für Offenheit. Zum einen, weil die Zeichen unübersehbar sind, welchen Verlauf meine Krankheit genommen hat: die leise Stimme, die Schwäche im linken Bein und Arm. Aber auch, weil dieser Geburtstag vielleicht der letzte war, den ich mit meinen Freunden feiern würde, wollte ich offen mit ihnen sprechen. Wie die Amerikaner sagen: Wenn »ein Elefant im Zimmer« steht, darf man nicht so tun, als würde ihn niemand sehen; man muss von ihm sprechen und ihn beim Namen nennen.

An jenem Abend habe ich den Elefanten beim Namen genannt. Ich habe alle Erklärungen gegeben. Heute wiederhole ich sie gegenüber meinen Lesern, die mir die Ehre und die Freude erwiesen haben, meine Arbeit zu schätzen. Und das sind sie:

Seit der Rückkehr meiner Krebserkrankung im Juni 2010 habe ich mich drei Operationen, einer Bestrahlung, zwei Versuchen mit einem Impfstoff und einer Behandlung mit einem Medikament unterzogen, das die Angiogenese hemmt. Die Form, in der mein Tumor wiedergekommen ist, ist sehr viel aggressiver als die Form, mit der ich achtzehn Jahre gelebt habe. Es handelt sich um ein Glioblastom Stadium IV, die Prognose bei diesem Tumor ist eine der schlechtesten aller Krebsarten, die mittlere Überlebenszeit beträgt fünfzehn Monate. Das bedeutet, dass die Hälfte der Patienten mit diesem Tumor nach der Diagnose weniger als fünfzehn Monate überlebt und die andere Hälfte länger als fünfzehn Monate. Bei einem Rückfall sind die Chancen, länger als achtzehn Monate zu überleben, praktisch gleich null.

Ich habe meinen Schlachtplan entworfen, um alle

Chancen zu nutzen, und habe mir zugleich Hilfe von herausragenden Ärzten und den komplementären Methoden des Antikrebs-Programms geholt.

Vielleicht werde ich meinen einundfünfzigsten Geburtstag nicht mehr erleben. Aber ich bin glücklich, Repräsentant jener Werte gewesen zu sein, die mir sehr viel bedeuten. Für diese Werte gibt es kein richtiges französisches (und deutsches) Wort; auf Englisch sagt man *empowerment*. Manchmal wird im Deutschen der etwas sperrige Begriff »Selbstkompetenz« verwendet. Gemeint ist die entscheidende Fähigkeit, wieder selbst über sein Leben bestimmen zu können. Ich bin sehr stolz, dass ich dazu beitragen konnte, dieses Konzept in meinem Bereich, der Medizin, zu verbreiten – auch wenn noch einiges zu tun bleibt.

Es gibt ein sehr schönes Bild in dem Roman *Freitag oder das Leben in der Wildnis*. Michel Tournier spricht darin von einem Büffelschädel, der in einem Baum hängt, und wenn der Wind hindurchstreicht, entstehen Töne. Wer erzeugt die Musik: der Schädel, der Wind oder das Zusammentreffen der beiden?

Mit der Kreativität ist es genauso: Jeder von uns ist im Lauf des Lebens, im Lauf der Erfahrungen wie der Büffelschädel, durch den der Windhauch des Lebens streicht, wobei eine ganz einzigartige Melodie entsteht. Was für ein herrliches Gefühl, wenn man erkennt, dass man nicht

Künstler sein muss, um das eigene Leben als einen kreativen Prozess zu leben!

Die große Erkenntnis, die ich während meiner wissenschaftlichen Laufbahn in den letzten zwanzig Jahren gehabt habe, ist auch die größte Entdeckung der modernen Ökologie: Es ist der einfache und grundlegende Gedanke, dass das Leben der Ausdruck von Beziehungen in einem Netz ist und nicht eine Reihe punktueller Ziele, die einzelne Individuen verfolgen. Das gilt für Ameisen, Giraffen und Wölfe genauso wie für Menschen. Ich hatte das Glück, durch meine Beziehungen zu all jenen, die sich für ökologische Ideen begeistern, meine Kreativität ausdrücken und etwas zum großen Ganzen beitragen zu können. Dafür danke ich ihnen allen.

ZWEITER TEIL

»*Wozu das alles?*«

Ich tauchte langsam aus der Bewusstlosigkeit auf. Drei Tage
nach der Operation im Juni erhielt ich Besuch von meinem
Freund Régis Debray, der auf der Durchreise in Köln war.
Er setzte sich an mein Bett und meinte in gutmütigem Ton-
fall: »Himbeeren und Brokkoli reichen also doch nicht?«

Etwas sagt mir, dass Sie, lieber Leser, sich diese Frage
auch stellen, seit Sie dieses Buch aufgeschlagen haben. Der
Autor des *Antikrebs-Buchs* hat einen schweren Rückfall erlitten, liegt vielleicht im Sterben ... Oder womöglich – ich
kann die Hypothese nicht ausschließen – ist er schon tot,
wenn Sie diese Zeilen lesen ... Wozu das alles? Die vielen
Tausend wissenschaftlichen Artikel, die ich durchkämmt,
die vielen Forschungsberichte, die ich durchforstet habe,
die vielen Ergebnisse, die ich verglichen und gegeneinan-
der abgewogen habe, das sorgfältig formulierte und aktua-
lisierte Antikrebs-Programm, dazu die Empfehlungen und
die Warnungen ... All das, um dann wieder mit einer großen Geschwulst im Gehirn dazustehen, wieder auf dem
Operationstisch zu liegen, in den Händen von Neurochirurgen und Onkologen?

Lieber Leser, ich spüre, dass Ihr Glaube an Brokkoli und Himbeeren wankt. Und auch Ihr Zutrauen in körperliche Bewegung, Yoga, Meditation, Stressbewältigung … Ich höre Sie förmlich murmeln: »Wenn nun aber David, der die lebende Illustration dieses Ansatzes ist, der die Anti-krebs-Lehren im Denken, Essen, in der Bewegung, im At-men, in seiner ganzen Lebensweise verinnerlicht hat, selbst am Abgrund steht, was bleibt dann vom *Antikrebs-Buch?*«

Wie Sie sich vorstellen können, haben mich das nach dem Besuch von Régis noch viele Menschen gefragt. Und wie Sie sich sicher auch vorstellen können, habe ich nicht erst die Fragen abgewartet, bis ich selbst darüber nach-dachte. Tatsächlich hat mich mein Rückfall veranlasst, zahlreiche damit verbundene Fragen zu stellen. Es sind die schwersten, vielleicht auch die wichtigsten Fragen meines Lebens.

Die erste Frage würde ich so formulieren: »Sind die Methoden, die ich in meinem *Antikrebs-Buch* vertrete, in meinen Augen immer noch gültig, oder muss ich anerken-nen, dass sie nicht vor einem Rückfall schützen können?« Meine Antwort ist eindeutig: »Das *Antikrebs-Buch* hat sei-ne Gültigkeit nicht verloren.« Ich werde das weiter unten erklären.

Aber diese Antwort führt sofort zu einer weiteren Fra-ge: »Wenn die Antikrebs-Methoden nichts von ihrer Gül-tigkeit verloren haben, warum konnten sie mich dann

nicht schützen?« Oder vielmehr: »Wenn man davon ausgeht, dass sie mich seit meinem letzten Rückfall wirksam
geschützt haben, warum hat ihr Schutz dann aufgehört?
Warum hat er jetzt aufgehört?« Diese Frage hat mich zu einer Art »Gewissensprüfung« gezwungen, wie die Christen
es nennen, oder »Selbstkritik«, wie die Chinesen sagen. Ich
muss einräumen, dass ich zumindest in der jüngsten Vergangenheit keine hervorragende Illustration der Antikrebs-
Lebensführung gewesen bin.

Und das bringt mich zur dritten Frage, die am tiefsten
reicht, die sicher am schwersten ist und die ich mir dennoch stellen muss: »Wie werde ich reagieren, wenn der
Tod kommt, wenn er vor mir steht? Alles, was ich gelernt
habe, was ich seit zwanzig Jahren praktiziere, all die Vorbereitung in Erwartung des Endes – wird es die Konfron-
tation mit der Realität aushalten?«

Um diese drei Fragen zu beantworten, schreibe ich dieses Buch. Es ist auch die Gelegenheit für mich, all jenen
Lebewohl zu sagen, denen meine früheren Bücher, *Die
neue Medizin der Emotionen* und das *Antikrebs-Buch,* gefallen haben, allen, die Vorträge von mir und Podiumsdiskus-
sionen mit mir besucht haben, all den Lesern und Zuhö-
rern, zu denen ich oft eine unmittelbare Verbindung
gespürt habe. Dieser Abschied wird, so hoffe ich ganz fest,
nicht der letzte sein. Man kann sich mehr als einmal Lebewohl sagen.

Das wiederhole ich auch immer wieder gegenüber meinen Freunden, wenn sie mich besuchen kommen, manchmal von weit her, nachdem sie von meinem Rückfall erfahren haben. Wenn sie mich fragen: »Werde ich dich in drei Monaten wiedersehen?«, antworte ich ganz offen: »Ich weiß es nicht.« Diese »Zeremonie des Abschieds« ist traurig. Aber am schrecklichsten wäre es, nicht traurig zu sein. Wenn es uns vergönnt ist, dass wir uns in drei Monaten wiedersehen, werde ich sie mit ebenso viel Freude und Trauer wiederholen. Unterdessen möchte ich die Gelegenheit nicht versäumen, mich von den Menschen zu verabschieden, die ich liebe.

Was bleibt vom Antikrebs-Buch?

Auf die erste Frage, die mein Gesundheitszustand aufwirft:
»Untergräbt mein Rückfall die Glaubwürdigkeit der Anti-
krebs-Methode?«, antworte ich entschieden mit Nein.

Zunächst einmal, weil ich kein wissenschaftliches Ex-
periment für mich allein bin, sondern ein klinischer Fall
unter vielen. In wissenschaftlichen Versuchen geht es
um die Daten von Tausenden oder Zehntausenden von
Fällen. Die Überlegungen, Untersuchungen, Schluss-
folgerungen und Belege, die ich in meinem *Antikrebs-
Buch* vorgelegt habe, stammen nicht aus meiner persönlichen Erfahrung, sondern aus der wissenschaftlichen
Literatur.

Hinzu kommt, dass alle Behandlungen, klassische wie
experimentelle, Erfolgsquoten und Misserfolgsquoten haben. Es gibt kein »Wunderheilmittel« gegen Krebs, keinen
hundertprozentigen Erfolg, auch nicht in der Schulmedizin mit ihren unzähligen Großtaten. Es gibt keine unfehl-
bare Methode, keine Operation und keine Chemotherapie,
die immer funktioniert. Insofern ist es nicht verwunder-
lich, dass keine Ernährungsweise, kein körperliches Trai-

ning, keine Form der Stressbewältigung die Möglichkeit eines Rückfalls zuverlässig beseitigt.

Hingegen gibt es Mittel, wie jeder Einzelne seine natürlichen Abwehrkräfte maximieren kann, wenn er sich um seinen Allgemeinzustand kümmert, den physischen und den mentalen. Man kann alle Trümpfe ausspielen. Aber das Spiel ist nicht von vornherein gewonnen.

Dass diese für jedermann zugänglichen Methoden wirklich das natürliche Potenzial der Selbstheilungskräfte stärken, steht außer Zweifel. Zahlreiche Studien haben das unbestreitbar bewiesen. Glücklicherweise gibt es Ärzte und Krankenhäuser, die das anerkennen. Als die Ärzte in Köln entschieden, mich sofort zu operieren, sagten sie nicht ein einziges Mal: »Also, das mit Ihrem Brokkoli funktioniert offenbar nicht!« Sie versicherten mir im Gegenteil: »Wenn Sie alles tun, was Sie in Ihrem Buch beschreiben, haben Sie gute Chancen, es zu schaffen.«

Ich wusste diese Haltung sehr zu schätzen. Patienten, die sich Mühe geben, ihre Selbstheilungskräfte zu mobilisieren, sind darauf angewiesen, dass ihre Bemühungen anerkannt werden. Doch stattdessen hört man allzu oft: »Tun Sie ergänzend, was Sie wollen, es wird weder nützen noch schaden.«

Aber das ist falsch, wissenschaftlich falsch. Dafür kämpfe ich. Es gibt eine Menge »Dinge«, die man berechtigterweise parallel zur schulmedizinischen Behandlung tun kann. Diese »Dinge«, die ich Antikrebs-Methoden nenne, bewirken objektiv viel Gutes. Sie tragen objektiv dazu bei, dass es dem Patienten besser geht, dass die Behandlungen besser anschlagen, dass ihre Nebenwirkungen vermindert werden, dass die Phasen der Remission länger dauern und das Risiko eines Rückfalls verringert wird.

Zum Beispiel steht eindeutig fest, dass Bewegung hilft, eine Chemotherapie besser zu vertragen. Dann müssen die Ärzte die Dosierung nicht herabsetzen, und das trägt direkt zur Wirksamkeit der Behandlung bei! Das Entsprechende gilt für die Strahlentherapie und für die Erholung nach einer Operation. Methoden, die es erlauben, besser mit Stress umzugehen, haben bewiesenermaßen den Effekt, die Übelkeit zu reduzieren. Die Antikrebs-Methoden sind in Wahrheit höchst wichtige Gesundheitsinstrumente. Es ist nicht akzeptabel, das den Patienten nicht zu sagen.

In meinem Fall bin ich überzeugt, dass diese Methoden mein Leben sehr verbessert haben, sowohl hinsichtlich der Dauer wie hinsichtlich der Qualität. Mein Gehirntumor wurde vor neunzehn Jahren zum ersten Mal diagnostiziert. Die Tatsache, dass ich so viele Jahre mit einem aggressiven Krebs gelebt habe – neunundneunzig Prozent der Menschen, die so etwas haben, überleben nicht länger als sechs Jahre –, beweist mehr als genug, dass ich es in der Hand hatte, meinen Gesundheitszustand positiv zu beeinflussen.

Das *Antikrebs-Buch* endet mit dem Eingeständnis, dass

ich nicht weiß, wie lange ich noch zu leben habe. Aber dass ich, was auch kommen mag, glücklich bin, den Weg gegangen zu sein, der darin besteht, mich maximal um alle Facetten meiner Gesundheit zu kümmern, denn diese Entscheidung hat mir erlaubt, ein glücklicheres Leben zu führen. Heute wiederhole ich das: Man muss die eigene Gesundheit pflegen, sein seelisches Gleichgewicht pflegen, seine Beziehungen zu anderen Menschen pflegen, die Erde um uns herum pflegen. Die Gesamtheit dieser Bemühungen trägt dazu bei, uns vor Krebs zu schützen, individuell und kollektiv, auch wenn es nie eine hundertprozentige Garantie geben wird.

Die innere Ruhe

Wie oft haben meine Freunde zu mir gesagt: »Pass auf dich auf.« Sie wussten, dass ich durch die Welt eilte, von einer Konferenz zur nächsten, zu Interviews und neuen Projekten. Sie befürchteten, ich könnte mich übernehmen. Zu ihrer Beruhigung sagte ich: »Du hast recht, ich werde kürzertreten.« Aber ich habe es nicht getan.

Ich habe oft erklärt, ich würde alles beherzigen, was ich im *Antikrebs-Buch* empfohlen habe. Im großen Ganzen stimmt das auch, bis auf einen Punkt: Ich habe mir ein anstrengendes und insgesamt viel zu großes Arbeitspensum auferlegt und insofern nicht genug auf mich geachtet, und das seit Jahren. Die Überlastung reicht bis zur Veröffentlichung meines ersten Buchs zurück, *Die neue Medizin der Emotionen*. Die Beweise von Interesse und Anerkennung, die ich danach erhielt, haben mich so glücklich gemacht, dass ich mich mit Feuereifer darauf stürzte, die ihm zugrunde liegenden Gedanken öffentlich zu vertreten. Rastlos reiste ich in Frankreich, in Europa, aber auch in Asien, den Vereinigten Staaten und Kanada umher. Unzählige Male wechselte ich die Zeitzonen, und man weiß, dass das dem Immunsystem schadet, weil Stresshormone wie Cortisol gebildet werden und weil es die natürlichen Grundrhythmen durcheinanderbringt.

Die massive Störung meiner biologischen Rhythmen erreichte in dem Jahr vor meinem Rückfall ihren Höhepunkt. Das *Antikrebs-Buch* kam in den Vereinigten Staaten sehr gut an, und die Medien bestürmten mich. Es lag mir so sehr am Herzen, all diese Konzepte zu verteidigen, dass ich dabei schlicht und einfach vergessen habe, mich zu schonen. In den Jahren 2009 und 2010 flog ich mindestens einmal im Monat über den Atlantik, und ein- oder zweimal pro Woche war ich in Frankreich oder Europa unterwegs. Das war zu viel. Schließlich war ich vollkommen erschöpft. Und dann kehrte mein Tumor zurück.

Rückblickend denke ich, dass mich der sehr menschliche Wunsch angetrieben hat, meinen Zustand zu vergessen, mich »normal« zu fühlen, so zu leben »wie alle anderen«. Ich glaube vor allem, dass ich so etwas wie eine Sünde des Hochmuts begangen habe, denn irgendwann fühlte ich mich quasi unverwundbar. Doch man darf nie die Demut vor der Krankheit verlieren. Niemand besitzt eine unbesiegbare Waffe gegen sie, die besten technischen Möglichkeiten der modernen Medizin können scheitern. Es ist ein großer Fehler zu vergessen, wie entscheidend die Biologie ist.

Während also Demut angebracht gewesen wäre, beging

ich den Fehler zu glauben, ich hätte die Formel gefunden, die mir erlaubte, gesund zu bleiben und mich gleichzeitig für Projekte, die mich begeisterten, zu verausgaben. Ich besaß die Schwäche zu glauben, ich wäre schon deshalb geschützt, weil ich mich an einige Vorsichtsregeln hielt: Ich achtete auf meine Ernährung, fuhr täglich Fahrrad, meditierte ein bisschen und machte jeden Tag ein bisschen Yoga. Ich glaubte, das gäbe mir das Recht, die grundlegenden Bedürfnisse meines Körpers zu ignorieren wie Schlaf, regelmäßige Rhythmen und Ruhe.

Wenn ich heute zurückschaue, springt mir der Irrtum ins Auge. Obwohl ich kein »wissenschaftliches Ein-Mann-Experiment« bin, glaube ich, dass man Lehren aus meinem Missgeschick ziehen kann: Man darf sich nicht übernehmen und erschöpfen. Zu den wichtigsten Schutzmaßnahmen vor Krebs gehört es, eine gewisse innere Ruhe zu finden. Ich weiß sehr wohl, dass für all jene, die anstrengende Berufe haben, die nachts oder im Schichtbetrieb arbeiten müssen, dieser Ratschlag nicht leicht zu befolgen ist. Auch Eltern mit kleinen oder heranwachsenden Kindern und alle, die viel reisen müssen, haben damit Schwierigkeiten.

Ich für meinen Teil habe es nicht geschafft, diese Ruhe zu finden, und heute bedaure ich das. Ich habe es nicht geschafft, nahe bei der Natur und den natürlichen Rhythmen zu bleiben. Ich bin zutiefst überzeugt, dass ein Spaziergang im Wald, im Gebirge oder an einem Fluss perfekt geeignet ist, neue Kraft zu schöpfen, vielleicht weil es uns erlaubt, uns auf die Rhythmen der Jahreszeiten einzustellen, was dazu beitragen kann, den Organismus ins Gleichgewicht zu bringen und zu heilen. Ich kenne keine wissenschaftlichen Studien, die meine Annahme stützen. Aber der Gedanke, dass die Harmonie mit der Natur ein Mittel ist, die Gesundheit des Körpers zu nähren, wird durch eine Reihe etablierter Wahrheiten gestützt.

Die Reihenfolge der Prioritäten

Ich kannte eine Kanadierin, Molly, die ungefähr so alt ist wie ich und ebenfalls mit einem Glioblastom Stadium IV lebt, aber schon seit über zehn Jahren – was ein echtes Kunststück ist. Sie ließ sich ganz am Anfang schulmedizinisch behandeln und hat seitdem keinen Rückfall gehabt. Vielleicht verdankt sie diese außergewöhnliche Remission der Tatsache, dass sie in den Norden von Toronto gezogen ist, in beinahe vollkommene Einsamkeit, wo sie jeden Tag lange an einem See spazieren geht. Wenn man sie fragt: »Was hilft Ihnen, die Krankheit auf Distanz zu halten?«, antwortet sie immer: »Die Ruhe. Die Ruhe schützt mich.«

Ich habe die genau entgegengesetzte Entscheidung getroffen. Ich war überzeugt, dass ich weniger Ruhe brauchte als vielmehr das Gefühl, etwas zum Allgemeinwohl beitragen zu können und eine Rolle bei der Veränderung von Verhaltensweisen und Vorstellungen im Hinblick auf eine »humane Ökologie« des Gleichgewichts zu spielen. Ich war viel zu glücklich – und bin es noch –, einen kleinen Anteil an solchen Entwicklungen zu haben, als dass ich auch nur eine Sekunde daran gedacht hätte, diese Arbeit aufzugeben.

Aber eben diese enorme Befriedigung hat mich dazu getrieben, meine Grenzen zu ignorieren. Meine Aktivitäten beanspruchten mich derart, dass sie alle Rhythmen und Rituale meines Lebens durcheinanderbrachten. Zum Beispiel habe ich in den letzten Jahren praktisch keine Ferien gemacht, habe mir nie entspannende Auszeiten gegönnt. War das falsch? Es fällt mir heute schwer, darüber zu urteilen, aber wenn ich die Chance hätte, die Entscheidungen noch einmal zu treffen, würde ich diese Bedürfnisse bestimmt nicht wieder ignorieren.

Der Begriff »positiver Stress« hat ebenfalls eine Rolle dabei gespielt, dass ich so wenig darauf achtete, wie sehr ich meine Kraftquellen strapazierte. Beim Schreiben meiner Bücher hatte ich entdeckt, dass es eine faszinierende Form von Stress gibt, die dem Geist und dem Körper guttut und uns dazu bringt, über uns hinauszuwachsen. Dank dieser Form von Stress entdecken wir ungeahnte Ressourcen tief in uns und schaffen es, unsere Grenzen weit hinauszuschieben. Untersuchungen haben gezeigt, dass kurze Phasen mit positivem Stress das Immunsystem sogar stärken können.

Dieser »wohltuende« Stress ist das Gegenteil des besser bekannten »negativen« Stresses, der zu einem Gefühl von Unfähigkeit und Blockade führt, das Spannung im Organismus erzeugt. Aus Tierversuchen wissen wir, dass lange anhaltende Situationen mit Stress sehr schädlich sind und

Rückfälle von Krebserkrankungen beschleunigen. Versuche mit Menschen deuten in die gleiche Richtung. Man weiß, dass das Gefühl der Ohnmacht das Immunsystem schwächt und eine Entzündungsreaktion provoziert. Sie fördert das Tumorwachstum, aber auch eine Reihe anderer Krankheiten wie Herzprobleme, Bluthochdruck, Diabetes, Arthritis …

»Positiver Stress« ist ohne Zweifel ein großer Motor der Lebenskraft, aber ich denke heute, dass er auf die Psyche manchmal wie eine Droge wirkt. Man kann von positivem Stress abhängig werden, man will »die Dosis steigern«, es gibt »Entzugserscheinungen«, und vor allem verliert man »jeden Sinn für das rechte Maß«. Vielleicht ist mir das passiert, als ich, beglückt von meiner Arbeit, die Bedürfnisse meines Körpers vergaß.

Deshalb die Frage nach der relativen Wichtigkeit der Antikrebs-Verhaltensweisen: Sind manche wichtiger als andere? Gibt es unersetzliche? Im *Antikrebs-Buch* habe ich, ausgehend von wissenschaftlichen Studien, viele Faktoren aufgelistet, aber ich habe keine Reihenfolge der Wichtigkeit vorgeschlagen. Tatsächlich wollte ich das dem Leser überlassen, denn ich war mir bewusst, dass allzu zahlreiche oder allzu rigide Empfehlungen womöglich entmutigend wirken würden, während es doch gerade darauf ankommt, Mut zu machen und Motivation zu wecken.

Die Art und Weise, wie das *Antikrebs-Buch* in der

Öffentlichkeit aufgenommen wurde, insbesondere Ernährungsratschläge wie der, Himbeeren zu essen und grünen Tee zu trinken, hat die anderen Empfehlungen etwas in den Hintergrund gedrängt. Ich habe selbst immer großen Wert auf diesen Aspekt gelegt, weil ich dachte, wenn die Menschen anfangen, sich gesund zu ernähren, wäre das bereits ein großer Fortschritt. Das ist auch der klarste und am besten umsetzbare Teil der Botschaft: Es ist leichter, Fisch und rote Früchte zu essen, als die Arbeitsgewohnheiten oder die Beziehung zur Ehefrau zu verändern.

Natürlich spricht das *Antikrebs-Buch* auch andere, mindestens genauso wichtige, vielleicht sogar noch wichtigere Dimensionen an. Ich hatte oft Lust, bei den Empfehlungen die Frage der Prioritäten zu klären. Doch das ist ein vielschichtiges Thema, und es gibt keine wissenschaftlichen Untersuchungen dazu. Jeder muss sich auf seine Intuition verlassen.

Im Licht meiner bitteren Erfahrung bin ich versucht, den Akzent vor allem anderen auf die Notwendigkeit zu legen, innere Gelassenheit zu finden und sie sich zu erhalten, insbesondere mithilfe von Meditation, Übungen zur Herzkohärenz und einer ausgeglichenen Lebensführung, die Quellen von Stress so weit wie möglich reduziert. An die zweite Stelle würde ich Bewegung setzen, deren Wichtigkeit man gar nicht genug betonen kann. Genauso wichtig wie die Bewegung ist die Ernährung; mit Freude sehe ich, dass ihre Bedeutung inzwischen anerkannt wird, auch von einigen Onkologen, die meine Botschaft, als das *Antikrebs-Buch* herauskam, zunächst bestritten haben.

Den Übergang bewältigen

Die dritte Frage, die sich mir heute stellt, ist die Frage nach dem Tod. In den zwanzig Jahren, die ich nun unter diesem Damoklesschwert lebe, hatte ich reichlich Gelegenheit, darüber nachzudenken. Weil ich sehr in meinen Tätigkeiten aufging, die mir tiefe Befriedigung schenkten, war meine Aufmerksamkeit natürlich stark von den letzten Fragen abgelenkt. Trotzdem habe ich nie aufgehört, mich zu fragen: »Wenn *das* wiederkommt, werde ich wieder zittern wie beim ersten Mal? Oder werden die neuen Prioritäten in meinem Leben, all die wichtigen Lektionen, die ich gelernt habe, als ich im Feuer stand, mir helfen, mich der neuen Prüfung gelassen zu stellen?«

Heute, wo meine Frist abzulaufen scheint, registriere ich, dass ich im großen Ganzen genauso reagiere wie viele Patienten, die ich als Psychiater behandelt habe, an Krebs oder anderen Leiden Erkrankte, die dem Tod ins Auge blicken mussten. Wie viele von ihnen habe ich Angst zu leiden, aber keine Angst zu sterben. Was ich fürchte, ist unter Schmerzen zu sterben. Diese Angst ist, so scheint es mir, bei den Menschen und sogar unter den Tieren allgemein verbreitet.

In der letzten Nacht lag ich im Bett auf der linken Seite, das heißt auf der Seite, die durch das Fortschreiten des Tumors beeinträchtigt ist. Ich wollte mich umdrehen, konnte es aber nicht. Ich spürte eine Art Erschlaffung, die meinen ganzen Körper ergriff. Auf einmal bekam ich Angst, dass die Erschlaffung sich ausbreiten, auch die Thoraxmuskeln erfassen und schließlich meine Atmung blockieren könnte. Ich sagte mir: Wenn ich nicht mehr atmen kann, werde ich sterben. Ich werde hier sterben, jetzt, heute Nacht, einfach so, und niemand ist da, niemand weiß, was gerade passiert. Da hatte ich sehr große Angst.

Und dann sagte ich mir sehr schnell, dass diese Erschlaffung eigentlich gar nicht unangenehm war. Verglichen mit den ziemlich starken Schmerzen in den Tagen zuvor war es ein sanftes Gefühl, einhüllend, es kroch langsam voran wie die Kälte, wenn man an einem sehr kalten Tag draußen ist. Wenn ich so sterben sollte, statt in einem Jahr nach höllischen Prüfungen, dann war das im Grunde gar nicht übel. Dieser Gedanke hat mich so beruhigt, dass ich wieder einschlief. Am nächsten Morgen bin ich natürlich wieder aufgewacht … Und ich hatte gelernt, dass ich solche Augenblicke ohne Panik durchstehen kann.

Ich war oft an der Seite meiner Patienten, wenn die Hoffnung auf Heilung oder auf eine Linderung der Symptome sich in eine andere Realität verwandelte, die Realität des bevorstehenden Todes. Ich hatte das Privileg, zu beobachten, wie sie von einer Hoffnung in eine andere wechselten: die Hoffnung, den Tod »gut zu bestehen«. Das ist eine sehr große Herausforderung und ein ganz und gar legitimes Ziel. Letztlich führt der Lebensweg zum Tod, er mündet in den Tod, und wie viele Philosophen denke ich gern, dass das Leben eine lange Vorbereitung auf diesen einzigartigen Augenblick ist. Wenn man beschlossen hat, nicht mehr gegen die Krankheit zu kämpfen, ist noch ein anderer Kampf zu führen: der Kampf, gut zu sterben, sich gut von den Menschen zu verabschieden, von denen man sich verabschieden muss, zu verzeihen, wem man verzeihen muss, Verzeihung zu erhalten von denen, die man um Verzeihung bitten muss. Man muss Botschaften hinterlassen, seine Angelegenheiten ordnen. Und man muss mit einem Gefühl von Frieden und »Verbundenheit« gehen.

Tatsächlich ist es ein großes Privileg, wenn man die Möglichkeit hat, den eigenen Abschied vorzubereiten. Die Fernsehnachrichten mit den vielen Unfällen und Katastrophen erinnern uns jeden Abend, dass jederzeit ein gewaltsamer Tod eintreten kann, der seine Opfer einfach mitreißt und ihre Angehörigen um die so wertvolle Zeit bringt, in der man sich verabschieden kann.

Diesen entscheidenden Augenblick kann man mit der Hilfe guter »Verbündeter« vorbereiten: mit Pflegekräften, Juristen und natürlich mit Freunden und Angehörigen. Ich empfinde diese Prüfung als lebenswichtig, und es ist für

mich noch eine Quelle der Hoffnung, dass ich sie gut bestehen werde. Und was wird danach »auf der anderen
Seite« passieren? Ich weiß es nicht.

Wandern in finsterer Schlucht

Wie schafft man es, sich nicht von der Angst lähmen zu lassen, wenn die Prognosen schlecht werden, alle Signale auf Rot stehen und die körperlichen Symptome dem entsprechen? Seit nunmehr einem Jahr stellt sich diese Frage für mich täglich. Ich erinnere mich an einen Tag im letzten Sommer, als ich mit meiner Cousine, die mich in Köln besuchte, zu Mittag aß. Weil mein Schielen noch nicht wieder ganz verschwunden war, bat ich sie, mir einen wissenschaftlichen Aufsatz vorzulesen, in dem es um die Studie mit dem Impfstoff ging, bei der ich mitmachen wollte. Die Autoren schrieben, neue Forschungen seien nötig, denn – die Präzision war wie eine kalte Dusche für mich – »für ein Glioblastom Stadium IV ist bei einem Rückfall die Überlebensrate nach achtzehn Monaten gleich null«. Null Überlebende nach achtzehn Monaten, das ist wenig! Zum ersten Mal wurde ich mit einer so drastischen Prognose konfrontiert. Es war ein harter Brocken zum Mittagessen.

Etwas später kam mein Bruder Franklin und holte den Tumor, den man mir aus dem Gehirn herausgeschnitten hatte, um ihn nach Löwen zu bringen, wo der Impfstoff hergestellt werden sollte. Ein Arzt, der vorbeikam, staunte über die ungewöhnliche Größe der Gewebemasse in dem Gefäß: »Das ist Ihr Bruder? Hören Sie, es lohnt sich nicht, auf der ganzen Welt nach experimentellen Behandlungen und Studien zu suchen. Nutzen Sie die Zeit, die Ihnen bleibt, und verabschieden Sie sich.«

Eine andere blitzartige Erinnerung: Meine Frau war durch die Statistiken sehr beunruhigt und fragte, als ich das Rehazentrum verließ, die Ärzte: »Worauf muss ich mich gefasst machen?« Der Klinikchef antwortete ihr in freundschaftlichem Ton: »So, wie die Dinge liegen, rate ich Ihnen, jeden Tag als ein Geschenk zu nehmen und an nichts weiter zu denken.«

Es gab auch zwei warmherzige Besuche von Pfarrern, einen im Krankenhaus, einen in der Rehaklinik. Sie gingen mit ihrem tragbaren Altar in einer schwarzen Hülle von Zimmer zu Zimmer. Obwohl sie Protestanten waren, hatten sich beide die Mühe gemacht, mir eine Hostie mitzubringen, die sie bei einem katholischen Priester »ausgeliehen« hatten. Und beide schlugen mir vor, den berühmten Psalm 23 zu lesen, der David zugeschrieben wird, »Der gute Hirte«:

Der Herr ist mein Hirte, nichts wird mir fehlen.
Er lässt mich lagern auf grünen Auen
und führt mich zum Ruheplatz am Wasser.

Er stillt mein Verlangen,
er leitet mich auf rechten Pfaden,
treu seinem Namen.

Muss ich auch wandern in finsterer Schlucht,
ich fürchte kein Unheil,
denn du bist bei mir,
dein Stock und dein Stab geben mir Zuversicht.

Du deckst mir den Tisch
vor den Augen meiner Feinde.
Du salbst mein Haupt mit Öl,
du füllst mir reichlich den Becher.

Lauter Güte und Huld werden mir folgen mein Leben
    lang,
und im Haus der Herrn darf ich wohnen für lange
    Zeit.

Wenn ein Priester mit dieser »Perle unter den Psalmen«, der auch ein Gesang vom nahenden Tod ist, zu einem kommt, ist das kein gutes Zeichen: Er hat sich erkundigt, und die Ärzte waren nicht sehr optimistisch … Trotzdem war ich glücklich über den Besuch der Geistlichen, und der Psalm ist zu meinem Schutzschild gegen die Angst geworden.

Wenn man einen so extremen Punkt der Krankheit erreicht hat und die Aussichten alarmierend sind, tauchen kindliche, irrationale, vielleicht primitive Ängste aus den Tiefen der Seele auf. Man ist umgeben von seltsamen Schatten, von beunruhigenden Zeichen, bedrohlichen Geräuschen. Seit einigen Monaten stelle ich fest, dass diese Angst erstaunliche Formen annimmt: Ich schlafe mit der ganz und gar unerwarteten Vorstellung ein, dass mich Vampire und Werwölfe angreifen könnten. Das letzte Mal, als solche bösartigen Kreaturen mich ängstigten, dürfte ich acht Jahre alt gewesen sein. Nun sind sie wieder da und treiben in meinen Nächten ihr Unwesen.

Ich kann leicht erraten, was sich hinter diesem folkloristischen Firlefanz verbirgt: die Angst vor dem, was mich erwartet, was mich verfolgt und mein Leben bedroht. Aber ich kann noch so kühl meine Gefühle analysieren, kann bewusst keine Angst vor dem Tod empfinden – sobald es Nacht wird, überprüfe ich, dass ich ein Tränengasspray in Griffweite meiner gesunden Hand habe für den Fall, dass eines der Raubtiere meinem Bett zu nahe kommen sollte… Und wenn die schrecklichen Silhouetten an den Wänden meines Zimmers auftauchen, wiederhole ich mir die Lektion aus dem Psalm von David: »Du wanderst in der finsteren Schlucht, wo die Schatten des Todes sind. Was du siehst, sind die Schatten des Todes. Aber du musst dich nicht fürchten, denn der Herr ist dein Hirte. Seine Hand ist in deiner Hand, er wird immer bei dir sein.« Ich bin nicht sicher, dass ich wirklich fest an den rettenden göttlichen Hirten glaube, aber Psalm 23 hat in meinen angstvollen Nächten eine sehr beruhigende Wirkung.

Ein anderer Gedanke war immer eine große Hilfe, seit der Krebs in mein Leben getreten ist, und stärkt bis heute meine Seele: Ich halte mir vor Augen, dass ich schließlich nicht der Einzige bin, der sterben muss. Es ist nicht so, dass man mich zu Unrecht bestraft und bei Wasser und trockenem Brot in den Kerker geworfen hat. Nein, alle müssen eines Tages diesen Weg gehen.

Dass ich früher dran bin, ist traurig, aber keine ungeheuerliche Ungerechtigkeit. Ich habe trotz allem Glück gehabt: das Glück außergewöhnlicher Begegnungen, das Glück, die Liebe kennengelernt zu haben, Kinder zu haben, Brüder und ganz besondere Freunde gehabt zu haben, das Glück, eine Spur zu hinterlassen. Ich konnte sehr bereichernde Erfahrungen machen, den Krebs eingeschlossen. Ich habe nicht den Eindruck, dass ich mein Leben einfach vorbeiziehen ließ. Wenn es mit fünfzig, einundfünfzig oder zweiundfünfzig Jahren enden sollte, ist das nicht tragisch. Ein großer Kummer wäre es, bis achtzig zu leben und nichts von meinen Träumen und Zielen verwirklicht zu haben.

Wenn ich das zu meinem Onkologen sage, setzt er eine sorgenvolle Miene auf und rät mir, mit einem Psychiater zu sprechen. Als wäre ich heimgesucht von Fatalismus und

Verzweiflung und wollte aufgeben. Aber ich gebe nicht einen Zentimeter von der Front preis, an der der Kampf um meine Gesundheit geführt wird. Ich bin überzeugt, dass die Tatsache, mit sich selbst in Frieden zu sein und die eigene Endlichkeit zu akzeptieren, uns erlaubt, alle verfügbare Energie in den Dienst der Selbstheilungsprozesse zu stellen.

Ich bedaure nichts

Meine Brüder Franklin und Édouard haben mir eine schwierige Frage gestellt: »Wenn man dir vor vier Jahren gesagt hätte, du würdest einen Rückfall erleiden, wenn du weiter nach demselben Rhythmus lebst, und diesmal würde der Tumor viel aggressiver sein, hättest du dann anders gelebt?«

Ich antwortete so ehrlich, wie ich nur konnte: »Nein. Es klingt seltsam, aber nein. Mir ist der Weg lieber, den ich gegangen bin, obwohl er mich an den Rand des Abgrunds geführt hat.«

Meine Antwort verblüffte sie: »Du gibst zu, dass du die Grundbedürfnisse deines Körpers grob vernachlässigt hast, du sagst, dass du bereit bist, alles zu ändern, und trotzdem würdest du den gleichen verrückten Weg wieder gehen!«

Das ist ein Widerspruch, ich gebe es zu, und mag sogar unsinnig erscheinen. Meinen Brüdern fällt es schwer, meine Entscheidung zu verstehen, sie werfen mir vor, nicht genug auf meine Gesundheit geachtet zu haben. Und sie haben natürlich recht. Aber meine Haltung ist nicht so inkonsistent, wie sie scheinen mag. Ich bin mir vollkommen bewusst, dass ich mit dem Rücken zur Wand stehe, und habe beschlossen, vieles in meinem Leben zu verändern. Ich habe bereits damit begonnen. Aber wie könnte ich, wenn ich an die zurückliegenden Jahre denke, vergessen, wie sehr ich meine Arbeit geliebt und welch einzigartige Befriedigung ich aus ihr gezogen habe? Wie könnte ich diesen Elan kritisieren, obwohl er möglicherweise dazu beigetragen hat, den Rückfall auszulösen?

Ich habe versucht, meine Entscheidung anhand meiner liebsten Sportarten zu erklären: Es sind »unsichere« Sportarten, wie ich sagen würde: Surfen, Gleitschirmfliegen, Canyoning, Skilaufen und so weiter. An diesen Sportarten liebe ich nicht nur, dass sie im Kontakt mit der Natur ausgeübt werden, sondern vor allem, dass sie von den Elementen abhängig sind, Wellen, Wind, Strömung … und sich den Elementen beugen müssen. Man kann unmöglich behaupten, man hätte alles unter Kontrolle: Man springt ins Wasser oder ins Leere, und dann versucht man, den Launen der Elemente ausgeliefert, irgendwie zu navigieren. Diese gesteigerte Unsicherheit, die Seite »in Gottes Hand« zu sein, entspricht meinem Temperament, und ich akzeptiere Unvorhergesehenes und Unfälle. Zu diesen Sportarten gehört, dass man diese Seite bejaht, dass man sich auf die Welt einstellt, wie sie ist, ja es gehört sogar eine Demut dazu, die mich in gewissem Maß an die großen Einsichten der orientalischen Denkschulen erinnert.

Ich muss bekennen, dass ich meinen Rückfall manchmal als eine neue spannende, beinahe belebende Herausforderung betrachte. Als hätte eine sehr große Welle meinen Alltagstrott weggespült und mich auf ein tosendes Meer hinausgezogen. Und nun muss ich mir wichtige Fragen stellen, manches radikal infrage stellen, muss »unberührte« Gebiete erkunden, und bei all dem muss ich darum kämpfen, den Kopf über Wasser zu halten. Wie auch immer es ausgeht, es wird ein packendes Abenteuer gewesen sein.

Daraus darf man freilich nicht folgern, ich hätte keine Angst. Tatsächlich habe ich eine Heidenangst. Aber zugleich verspüre ich so etwas wie Aufregung. Vielleicht bin ich im Drogenrausch der starken Gefühle und des hormonellen Tsunamis, den sie im Körper auslösen … Da ich nun schon so lange mit einer definitionsgemäß tödlichen Krankheit zu tun habe, kämpfe ich auch schon so lange und kenne den gefährlichen Rausch derjenigen, die glauben, sie hätten »das Schicksal besiegt«. Aber die Biologie hat immer das letzte Wort, es wäre ziemlich anmaßend, das zu vergessen. Doch die aufregenden Kämpfe haben bei mir einen vielleicht übertriebenen Appetit auf Grenzerfahrungen und »schwer erträgliche« Erlebnisse geweckt.

Auf einer mehr intellektuellen Ebene wurde diese Neigung durch die manchmal epischen Auseinandersetzungen genährt, die ich zur Verteidigung der Positionen in meinen

Büchern *Die neue Medizin der Emotionen* und *Das Anti-krebs-Buch* führen musste. Diese Schlachten haben mein Leben buchstäblich mit Sinn »aufgeladen«, als wäre ich dauernd an einer Steckdose gehangen. Eine solche »Sättigung« mit Sinn ist eine einzigartige Erfahrung, auf die ich einfach nicht verzichten konnte.

Und nun muss ich all die unbequemen Fragen beantworten: Habe ich es übertrieben? Habe ich die richtigen Prioritäten gesetzt? Hatte mein Leben, wie ich es gestaltet habe, einen Wert? Verdient es, fortgesetzt zu werden? Unter welchen Bedingungen? Wenn ich es ändern muss, womit sollte ich beginnen? Ich hoffe, dass ich die Zeit haben werde, die Antworten zu finden.

Lehrstunden in Mut

Mein Vater Jean-Jacques hatte seine ganz eigenen Methoden, uns »Mut beizubringen«. Ich erinnere mich an einen Aufenthalt in Florida, wo er mich allabendlich, wenn das Meer am ruhigsten war, in einem Motorboot mitnahm, um mir Wasserski beizubringen. Ich wusste, dass es in den Gewässern dort Haie gab. Das war tagsüber schon beängstigend genug, abends schlotterte ich vor Angst. Doch Haie oder nicht, ich musste ins Wasser springen, sonst hätte mein Vater mich hineingeworfen. Er hatte keine Angst vor Haien. Ich musste es nur so machen wie er. Die Haie, erklärte er mir, würden lieber Fische fressen als Kinder, und es gebe sehr wenig Unfälle. Er fand, Wasserskifahren sei es wert, kleine Risiken dafür einzugehen. Ich muss wohl nicht betonen, dass mir sehr daran gelegen war, blitzschnell aus dem Wasser zu kommen, mich auf mein Gleichgewicht zu konzentrieren und möglichst schnell zu lernen, was ich tun musste, um nicht ins Wasser zu fallen … Nichts macht mehr Angst, als in der Abenddämmerung auf Wasserskiern über eine dunkle Wasseroberfläche zu gleiten, wo man den Schatten eines Hais zu erspähen glaubt. Nichts. Nicht einmal ein sehr schwerer Rückfall einer Krebserkrankung.

Ich war zwölf oder dreizehn, als mein Vater mich zum ersten Mal zum Helikopterski in die Pyrenäen mitnahm. Ein Hubschrauber flog uns ins Hochgebirge und setzte uns auf dem Gipfel eines Gletschers ab. Wir mussten mit den Skiern abfahren und unterwegs zahllosen Spalten und Felsblöcken ausweichen. Das macht den Reiz dieser Sportart aus. Einmal blieb ich mit meinem Ski an einem großen Stein hängen, stürzte und rutschte vielleicht fünfzig Meter den Berg hinunter. Ich hatte unglaubliche Angst. Das nächste Mal war die Angst schon geringer. Wenn man ein Risiko eingegangen ist und überlebt hat, ist man nicht mehr so paralysiert angesichts der Gefahr. Man »erlernt Mut«.

Genau das wollte mein Vater, der selbst tollkühn war. Nicht nur bei Gleitsportarten, wo er eine Vorliebe für Tiefschneefahrten in lawinengefährdetem Gelände hatte. Um 1940, als er in Grenoble sein französisches Abitur ablegte, war er an der Fassade des Gymnasiums hinaufgeklettert und hatte die Hakenkreuzflagge über dem Eingang heruntergeholt. Er war fünfzehn und trug kurze Hosen der englischen Armee ... In kritischen Augenblicken, wo man einem Feind »die Stirn bieten« muss, ist der Gedanke, vielleicht etwas von seiner Kaltblütigkeit in den Adern zu haben, von einem solchen Hasardeur gelernt zu haben, wie

83

man dem Tod ein Schnippchen schlägt, eine große Hilfe. Man hat dann zwar immer noch schrecklich Angst, natürlich, aber man weiß, wie man es anstellen muss, um sich von der Angst nicht lähmen zu lassen. Der Mut, den mein Vater mir beigebracht hat, besteht darin, »standzuhalten«, wenn man wie Espenlaub zittert, und nicht, so zu tun, als kenne man keine Angst.

Nachdem ich durch diese Schule gegangen war, wo Mut mit Verwegenheit kokettierte, war es nur normal, dass ich in meiner Kindheit einige Male in Schwierigkeiten geriet. Mit zwölf zum Beispiel lieferte ich mir mit einem Kumpel ein Slalomrennen auf Skiern zwischen riesigen Signalmasten. Dabei rutschte ich auf einer Eisplatte aus und brach mir den Oberschenkel, als ich gegen einen stählernen Mast prallte. Die drei Monate erzwungener Bewegungslosigkeit verbrachte ich wie auf glühenden Eisen, ohne dass sie mich klüger gemacht hätten.

Mit fünfzehn beging ich eine Dummheit, die mich noch teurer zu stehen kam. Enttäuscht, dass ich ein Wettschwimmen verloren hatte, beschloss ich, mich mit einem Ausritt darüber hinwegzutrösten. Nur leider war der einzige verfügbare Gaul nicht zugeritten und stand mit einem einfachen Strick um den Hals auf einem Feld. Er war von einer kopfscheuen Rasse und hatte die Eigenheit, sich seines Reiters zu entledigen, indem er auf ein Hindernis zugaloppierte und abrupt stoppte. Aber meine Lust war zu groß. Ich hatte es kaum geschafft, mich auf seinen Rücken zu hieven, als er losstürmte und wie ein Verrückter auf einen Apfelbaum zulief. Ich sagte mir: »Ich weiß, was du vorhast, aber mich legst du nicht rein«, und klammerte mich an seinem Hals fest. Doch ohne Sattel, Kandare und Zügel bekommt man ein wildes Pferd nicht in den Griff. Direkt vor dem Apfelbaum flog ich wie eine Kanonenkugel durch die Luft und knallte gegen den Stamm. Ich hätte tot sein können, doch glücklicherweise hatte nur mein Bein den Aufprall abbekommen. Ich saß unter dem Baum, mein linker Fuß stand in einem absurden Winkel ab. Und ich durchlitt ein Martyrium. Es war ein schrecklicher offener Bruch. Ich schrie, doch ich war so weit vom Weg entfernt, dass mich niemand hörte. Nach einer unendlich langen Stunde entdeckte mich schließlich ein Freund und alarmierte meine Eltern.

Mein Vater war sehr unglücklich, mich so leiden zu sehen, aber er schimpfte nicht mit mir. Er sagte nicht: »Du musst besser aufpassen.« In seinen Augen gehörten solche Missgeschicke nun einmal zu den unvermeidlichen Risiken des Lebens. Er war überzeugt, dass es den Charakter stählt, wenn man Schläge einstecken muss. Von seiner Ausbildung zum Jagdflieger hatte er einen militärischen Lebensstil behalten und eine grenzenlose Faszination für militärische Strukturen, Hierarchien, Aufgaben und Ziele. In seiner Denkweise war er jedoch eher antimilitaristisch und vor allem antikolonialistisch. Das gab ihm die Gelegenheit, wieder in die Schlacht zu ziehen, diesmal, indem er an der Spitze der Zeitschrift *L'Express* einen verbissenen Kampf gegen den Algerienkrieg führte – an dem er tapfer, aber gegen seinen Willen hatte teilnehmen müssen – und gegen die Folter. Er war nicht nur gegen einen ungerechten Krieg, er forderte unverblümt die Abschaffung des Wehrdienstes, weil damit »zu viele Leute zu viel Zeit verlieren«.

Ich wurde auf die harte Tour durch diesen Mann voller Leidenschaften und Paradoxe geprägt, dessen Leben für mich im Lauf der Zeit zu einer beständigen Inspiration und einer Quelle von Mut und Energie wurde. Dass ich ihn oft bei öffentlichen Auftritten beobachtete, wenn er seine Ideen vor einem unruhigen Publikum verteidigte, hat mir enorm geholfen, mich bisweilen hitzigen Debatten zu stellen. Ich habe schon sehr früh gelernt, dass solche Schlachten zwar nicht Teil des Spiels sind – denn es geht dabei nicht um spielerische Themen –, aber Teil der Anstrengung, der Arbeit.

Selbst Geschichten, die ich nur vom Hörensagen kenne, haben mich enorm beeinflusst. Das wurde mir klar, als ich beim Gleitschirmfliegen einmal einen ziemlich schweren Unfall hatte. Der Wind war plötzlich eingeschlafen, und ich sah, wie eine Baumgruppe immer näher kam. Ich dachte, ich könnte es schaffen, knapp darüber hinwegzugleiten, aber schlagartig erkannte ich, dass es nicht reichte, ich war nicht mehr hoch genug. Während der Baum, in den ich gleich krachen würde, sich mit erschreckender Geschwindigkeit näherte, schossen mir Bilder von meinem Vater durch den Kopf, wie er als junger Jagdpilot in einem Wald abgestürzt war. Er war damals knapp zwanzig und unter den Kämpfern des Freien Frankreich für eine Ausbildung bei der U.S. Air Force in Alabama ausgewählt worden. Und eines Tages hatte er diesen Unfall. Während seine P-47 in den Bäumen versank, schlugen rechts und links der Tragflächen die Äste wie Wellen in die Höhe, bis das Flugzeug stoppte. Er musste sich akrobatisch aus dem Wrack herausarbeiten, aber er hatte überlebt, so wie ich den Unfall mit dem Gleitschirm überlebt habe.

Heute bin ich selbst Vater und, wie ich zugeben muss, sehr besorgt, wenn mein Sohn Sascha unbedacht Risiken eingeht. Aber ich wäre beunruhigt, wenn er gar keine einginge. Es beruhigt mich zu fühlen, dass er mutig ist, dass etwas von der Kühnheit meines Vaters durch mich auf ihn übergegangen ist. Er muss heute nicht gegen die Nazis kämpfen. Dass er reitet und surft, reicht aus, mich zu erfreuen und stolz zu machen. In dieser Hinsicht wurden meine Wünsche vollständig erfüllt. Ich erinnere mich, wie ich ihn das erste Mal zum Gleitschirmfliegen mitgenommen habe, als er acht Jahre alt war. Mit seinem Lehrer hinter sich sollte er zum Rand des Abhangs laufen und ins Leere springen. Ich hatte mich weiter unten hingestellt, um zu fotografieren, und sah ihn ganz genau in dem Augenblick, als er abhob: Ungläubige Freude strahlte in seinem Gesicht. An dem Tag war ich sehr stolz. Er hatte die Kühnheit, ohne Zögern und ohne allzu viele Fragen zu springen. Er wäre sogar böse geworden, wenn ich ihn abgehalten hätte. Mit acht Jahren ist das eine tolle Leistung.

Ich wünsche mir sehr, dass meine beiden anderen Kinder Charlie und Anna ebenfalls ein Bild von mir bewahren, dass ihnen helfen wird, ihre Persönlichkeit zu entwickeln, wenn ich nicht mehr da bin, so wie ich durch das Bild meines Vaters geformt wurde. Mit Charlie, der zwei Jahre vor meinem Rückfall geboren wurde, konnte ich mich ein bisschen befassen, aber Anna ist mitten im Sturm zur Welt gekommen. Um sie konnte ich mich nicht kümmern. Ich hoffe wenigstens, dass ich ihnen ein wenig von der Entschlossenheit hinterlasse, die mir in den härtesten Augenblicken am meisten geholfen hat. Und vor allem die Überzeugung, dass sie, wenn sie das, was sie tun, mit ganzem Herzen tun, hoffen können, bei der Verwirklichung ihrer Ziele weit zu kommen.

Kampfgefährten

Ich denke sehr oft an meinen Freund Bernard Giraudeau, der im letzten Sommer verstorben ist, um die Zeit, als mein eigener Kampf gegen den Rückfall begann. Bernard war mein Kampfgefährte und ein echtes Vorbild für mich. Ich bewunderte, wie er es geschafft hatte, die Gewohnheiten seiner exzessiven Lebensweise aufzugeben, um sich ganz auf die Existenz zu konzentrieren, die er gewählt hatte, und sich ohne Bedauern von allem zu trennen, was er als zweitrangig oder unnütz erachtete. Dieser Hedonist, der gern lachte und das Vergnügen zu einer regelrechten Wissenschaft entwickelt hatte, hat mich, der ich dazu neige, die Dinge manchmal allzu ernst zu nehmen, ein bisschen seine Art von Lebensfreude gelehrt.

Bernard hatte entschieden, dass es wichtig war, sich auszuruhen, Urlaub zu machen, die Zeit, die vergeht, zu genießen, ein »gutes« Leben zu haben. Ich erinnere mich an den Sommer 2006 auf der Île de Ré, als wir uns oft sahen. Ich wohnte bei meiner lieben Madeleine Chapsal in Portes-en-Ré, Bernard hatte ein Haus dort. Manchmal meditierten wir früh am Morgen gemeinsam und gingen zusammen schwimmen. Ich bin sicher, dass er das Leben bis zum Schluss so genießen konnte, wie er es tat, weil er Frieden mit sich und mit dem Tod geschlossen hatte.

Das Beispiel des Psychoanalytikers Guy Corneau aus Québec ist ebenfalls eine wichtige Quelle der Inspiration. Vor zwei Jahren wurde bei ihm eine sehr schwere Krebserkrankung diagnostiziert, ein Lymphom in Magen, Milz und Lunge. Aber dank eines sehr strikten Programms, das schulmedizinische Therapien mit komplementären Methoden wie Meditation, Visualisierungen und bestimmten »energetischen« Behandlungen verband, hat er auf wunderbare Weise die Krankheit überwunden.

Lachend hat er mir erzählt, dass er nach der Mitteilung seines Onkologen, er habe ein Lymphom Stadium IV, gar nicht gefragt habe, wie viele Stadien es gebe. Erst als er alles überstanden hatte, fragte er: »Also, wie viele Stadien gibt es?« Der Arzt antwortete: »Vier. Sie hätten es nicht mehr lange gemacht.«

Guy misst der Psyche allerhöchste Bedeutung bei. Er hat beschlossen, sein Leben radikal zu ändern: Er hat für eine saubere Umwelt gesorgt, alle Quellen von Stress beseitigt und ist an einen Ort gezogen, wo er in Kontakt mit der Natur lebt. Um sich so um seine Genesung zu kümmern, wie er es wollte, hat er zu arbeiten aufgehört und widmet sich ganz der Meditation und den Visualisierungen. Natürlich ist nicht jeder in der glücklichen Lage, seinem Beispiel folgen zu können. Er war dazu in der Lage, und hat noch etwas daraufgesetzt, indem er seine neuen Lebensregeln mit unbedingter Zielstrebigkeit anwendet. Heute ist von seinem Tumor keine Spur mehr vorhanden, und er hat teilweise wieder zu arbeiten angefangen, fest entschlossen, die Lehren des Krebses nicht zu vergessen.

Wie Bernard und Guy bin ich überzeugt, dass es zu den dringlichsten Aufgaben gehört, wenn man von einer schweren Krebserkrankung betroffen ist, einen gewissen Grad von Ruhe zu finden und zu bewahren, weil sonst die Psyche und der Körper kaputtgehen. Dabei hat mir die Meditation am meisten geholfen. Ich weiß, wenn man dieses Wort ausspricht, denken die meisten Menschen an »Räucherstäbchen«, »sphärische Klänge« und »tibetische Mönche im Lotussitz auf dem Gipfel eines Berges«. Die tibetischen Mönche in ihren unzugänglichen Einsiedeleien widmen sich in der Tat extremen spirituellen Übungen, aber die Meditation haben sie nicht allein gepachtet. Wir Normalsterblichen können ebenfalls nach unserem Rhythmus und im Rahmen unserer Möglichkeiten Meditation praktizieren, mit einem bescheideneren Ziel: unserer Gesundheit etwas Gutes zu tun.

Rezept vom Arzt:
Lachen und Meditieren

Die positiven Effekte von Meditation sind so gut dokumentiert, dass Hunderte Krankenhäuser in Nordamerika und zunehmend auch in Europa heute ihren Patienten eine Methode beibringen, die von einem berühmten amerikanischen Biologen, Jon Kabat-Zinn, ausgehend von Yoga, Zen und tibetischem Buddhismus entwickelt wurde. Ich praktiziere diese Methode – die »Achtsamkeitsmeditation« – seit vielen Jahren mit einigen Unterbrechungen, auf die immer ein zunächst etwas mühsamer Wiederbeginn folgte. Aber alles in allem habe ich Mittel und Wege gefunden, mir täglich zweimal fünfzehn bis zwanzig Minuten für diese lebenswichtige Übung freizuhalten.

Ich erinnere mich an die Zeit, als Charlie noch klein war und ich morgens aufstand, um seine Windeln zu wechseln und ihm das Fläschchen zu geben. Es war eine Freude, ihn anschließend zu meiner Meditation ins Bad mitzunehmen. Er saß in seinem Hochstuhl und schaute bei meinem Yoga und dann bei der Meditation zu. Für ein Baby dürfte es nicht besonders unterhaltsam sein, seinen Vater beim Meditieren zu beobachten, aber Charlie hatte eine Engelsgeduld. Ich vermute, er wartete immer auf den viel spaßigeren Augenblick, wenn ich zu den Sit-ups kam: Jedes Mal, wenn ich meinen Oberkörper in Richtung seines Hochstuhls anhob, lachte er aus vollem Hals.

Achtsamkeit ist ein geläufiges Konzept im Buddhismus. Kabat-Zinn hat es von jedem religiösen Bezug gereinigt. Wie er es lehrt, ist es die Zentrierung auf sich selbst und die eigene Atmung. Es hat nichts mit Narzissmus zu tun, das »eigene Ego aufblähen« ist nicht Ziel der Übung. Das Ziel ist vielmehr, ein Maximum von Beisichsein in der körperlichen Dimension zu erreichen, indem man alle Aufmerksamkeit auf den Atem richtet. Gleichzeitig bemüht man sich, die Gedanken schrittweise zu reduzieren, bis möglichst wenige übrig bleiben. Das Ergebnis ist ein extrem erholsamer Zustand, in dem man sich vorübergehend von der Tyrannei des Ichs befreit fühlt. Ein Zustand, den man beschreiben könnte als »das körperliche Gefühl, man selbst zu sein, in Frieden zu sein«.

Für mich ist es inzwischen eine feste Gewohnheit, die Achtsamkeitsmeditation zweimal am Tag, morgens und abends, zu praktizieren. Dabei sitze ich bequem auf einem mit Reis oder Dinkel gefüllten Meditationskissen, die Wirbelsäule möglichst aufgerichtet, weil das die Konzentration auf die körperlichen Empfindungen erleichtert. Im Augenblick sind meine Beine sehr schwach, und ich kann sie nicht überkreuzen. Wenn ich sehr müde bin, meditiere ich im

Liegen, aber diese Position ist für die Konzentration nicht so gut. Wenn ich mich auf meine Atmung einlasse, auf die Qualität meines Atmens, kommen die Gedanken nach und nach zur Ruhe. Das ist ein unbeschreiblich angenehmes Gefühl. Sicher, das Ziel dabei ist nicht, sich in einen »angenehmen« Zustand zu versetzen. Das sagen alle, die meditieren, und sie haben recht. Aber ich finde die Tatsache, dass man sich dabei wohlfühlt, sehr motivierend für die Ausdauer.

Ich weiß natürlich, dass Meditation etwas Abstraktes bleibt, wenn man es nicht selbst versucht. All jenen, die einwenden, dass es zu viel Zeit und Energie kostet, antwortet Kabat-Zinn: »Je mehr Probleme es gibt, desto mehr muss man meditieren. Je komplizierter Ihr Leben ist, desto nötiger ist es, dass Sie meditieren – das hilft, mit Problemen und unübersichtlichen Situationen fertig zu werden.« So wie ich es mache, stellt sich die Frage nach der Zeit schon lange nicht mehr, denn ich weiß, dass die wenigen Minuten, die ich der Achtsamkeit widme, mir in Form von psychischem und physischem Wohlbefinden hundertfach zurückgegeben werden. Das ist so, wie wenn man einen Hund hat: Man geht jeden Morgen mit ihm raus, ohne überhaupt darüber nachzudenken, ob es regnet oder stürmt, ob man auf dem Zahnfleisch daherkommt oder nichts zu tun hat. Mit der Meditation ist es ganz ähnlich: Egal, was passiert, man weiß, dass man sich die Zeit zum Luftholen nehmen wird …

Seit einigen Wochen versuche ich, angeregt durch das Beispiel von Guy Corneau, noch ein Element der Visualisierung einzubauen. Das ist eine »aktivere« Methode als die Achtsamkeit. Sie besteht darin, dass man sich negative Gedanken als Bilder vorstellt – zum Beispiel Angst und Ärger als schwarzen Rauch, der bei jeder Ausatmung ausgestoßen wird. Bei jeder Einatmung hingegen versucht man, Weiß oder »positive«, »lebendige« Farben einzuatmen, wie ein sehr lebhaftes Gelb, Rot oder Blau. Diese alte buddhistische Technik hat mir ein tibetischer Arzt beigebracht, der in Paris lebt. Das Ziel dabei ist, sich von negativen Emotionen zu »reinigen«, indem man sie »ausatmet«, bis die ausgeatmete Luft weiß, »lebendig« und heiter wird.

In der tibetischen Tradition gilt diese Methode nicht als spirituell. Sie zielt nicht darauf ab, sich dem Buddha-Stadium zu nähern. Es ist eine geistige Yogaübung, die im Kampf gegen alle möglichen Krankheiten eingesetzt wird – in gewisser Weise ein »Generikum« der tibetischen Medizin. Die »Wirkungsweise« besteht nicht darin, dass ein bestimmter pathologischer Faktor angegriffen wird, der bei einer bestimmten Krankheit am Werk ist, sondern man stützt die angeborenen Prozesse, die Gesundheit »herstellen«.

Ich versuche, diese Methode jeden Tag zu praktizieren, aber ich muss zugeben, dass ich mit den Visualisierungsübungen mehr Mühe habe als mit der vertrauten Beruhigung der Gedanken durch Achtsamkeit. Allgemein bin ich bestrebt, so gut wie möglich mit meinen innersten Gefühlen in Verbindung zu bleiben, auf die kleinen seelischen Veränderungen zu achten, die eine beginnende Verkrampfung, eine flüchtige Freude ankündigen. Es ist wichtig, die eigene »innere Landschaft« gut zu kennen, in jedem Augenblick zu wissen, ob man sich in der Zone der Gelassenheit oder in der Zone von Stress befindet, zu wissen, wann der Umschlag erfolgt und aus welchem Grund. Ich versuche, die Quellen von Spannung zu erkennen, aufzuspüren, und ich lerne, sie so weit wie möglich zu vermeiden.

Gleichzeitig versuche ich herauszufinden, was den Druck vermindert, und so viel wie möglich davon aufzusaugen. Für diesen Prozess braucht man Aufmerksamkeit, Konzentration und eine ordentliche Portion Entschlossenheit. Nachdem ich lange all meine Energie in meine Arbeit gesteckt habe, lerne ich, Schritt für Schritt das geheime Land der Gelassenheit zu erkunden. Angesichts dessen, woher ich komme, ist das ziemlich schwierig, aber ich mache Fortschritte.

Dankbarkeit kultivieren

Eine Autorin, die ich sehr mag, Rachel Naomi Remen, erzählt in ihrem Buch *Kitchen Table Wisdom. Geschichten, die heilen* von einer Frau, die Krebs hat und allein zu den Chemotherapien fährt. Danach geht es ihr jedes Mal so schlecht, dass sie anhalten und sich am Straßenrand übergeben muss. Rachel fragt sie, warum sie keine Freundin angerufen habe. Sie antwortet: »Warum hätte ich jemanden anrufen sollen? Keiner von meinen Bekannten versteht etwas davon. Das Wehwehchen zu küssen hilft doch nicht gegen den Schmerz.« Rachel schreibt, sie sei verblüfft gewesen. Und sie erwiderte: »Sogar Kinder suchen instinktiv die Nähe eines anderen Menschen, wenn sie hingefallen sind … Es hilft zwar nicht gegen den Schmerz, aber es hilft gegen die Einsamkeit.«

In den schweren Tagen in Köln, als ich mich von der Operation erholte, haben mich viele Freunde besucht, haben mit mir gegessen und ein paar Stunden oder einen Tag mit dem Rekonvaleszenten verbracht. Sie waren keine Ärzte, aber ihre Anwesenheit hat mir sehr geholfen. Es ist gar nicht so schwierig, mit jemandem zu sprechen, der gegen eine Krankheit kämpft. Man muss auf sein Herz hören und einfach sagen: »Es tut mir so leid, was dir passiert ist. Es macht mich sehr traurig. Ich hoffe, dass es dir bald besser geht. Sag mir, was ich tun kann, um dir zu helfen.« Manchmal reicht ein einfacher physischer Kontakt, etwa, dem Kranken die Hand auf seine Hand oder auf die Schulter zu legen. Der Kontakt drückt unmittelbar aus: »Ich bin da, bei dir. Ich weiß, dass du leidest. Es ist wichtig für mich, für dich da zu sein.«

Ich erinnere mich an einen Anruf meiner Cousine Pascaline ein paar Tage nach der Operation. Ich war noch sehr müde und musste schlafen, um mich zu erholen. Aber weil sie vom anderen Ende der Welt anrief, entschloss sich mein Bruder, mich zu wecken. Ich sprach nur sehr kurz mit ihr, doch sie sagte mir alles, was für mich wichtig war: »Ich möchte, dass du auf dich achtgibst, und zähle darauf, dass du das überstehst, weil ich dich liebe und dich weiterhin in meinem Leben brauche. Es tut mir sehr weh, dass du das durchmachen musst. Ich glaube, du wirst es schaffen.« Es war kein langes Gespräch, aber es war perfekt.

Wenn der Kranke hinfällig wird, ist es für ihn immer schwieriger, seine Würde zu bewahren. Schon bei so banalen Dingen wie dem Anziehen der Unterhose wird man abhängig. Die eigene Intimität ist nicht mehr geschützt. Auch da muss man ganz einfache Dinge sagen können: »Ich hoffe, es stört dich nicht zu sehr, wenn ich dieses oder jenes tue?« Natürlich muss es manchmal schnell gehen, zum Beispiel beim Duschen, wenn das Mittagessen kommt. Dann besteht die Gefahr, in einen mechanischen Prozess zu verfallen. Aber für den Menschen, der splitternackt dasteht, ist nichts mechanisch, und er fürchtet mehr als alles andere, wie ein Baby oder wie ein Haustier behandelt zu werden.

Der Kranke wiederum muss anerkennen, dass die Belastung für die Familie über das normale Maß hinausgeht. Niemand ist daran gewöhnt, einem erwachsenen Menschen beim Duschen zu helfen, beim Gang auf die Toilette, selbst wenn es der Ehemann, der Bruder oder die Mutter ist ... Auch die Angehörigen, die das übernehmen, haben ein Anrecht, dass man ihr Schamgefühl schützt und ihren Einsatz würdigt.

Wenn von beiden Seiten die »familiäre Etikette« gewahrt wird und der Kranke das Gefühl hat, dass er gut versorgt wird und man sich gut um ihn kümmert, ist die Gefahr, in Pessimismus zu versinken, geringer. Ganz neue Forschungen in der Psychologie konzentrieren sich heute auf einen für die physische und psychische Gesundheit entscheidend wichtigen Zustand, den man lange Zeit vernachlässigt hat: den Optimismus. Mein Rezept, um mir meinen Optimismus zu erhalten, besteht darin, mich auf das zu konzentrieren, was gut geht. Jeden Tag lasse ich die großen und kleinen Dinge Revue passieren, die mir Vergnügen oder Freude bereitet haben oder die einfach amüsant waren, und empfinde dabei Dankbarkeit. Ich kultiviere bewusst mein Gefühl der Dankbarkeit. Das fällt mir gar nicht schwer: Ich esse sehr gern, ich liebe »gute« Lebensmittel, und ich habe das Glück, hervorragende Antikrebs-Gerichte zu bekommen, zubereitet von meiner lieben Liliane, die seit nunmehr fünfzig Jahren unseren Haushalt leitet. Ich höre auch gern Musik. Manche Filme sehe ich gern immer wieder. Manche Menschen treffe ich gern immer wieder. Ich tue jeden Tag etwas, das mir Freude bereitet, mehrmals am Tag. Ich habe viel Glück.

Kostbare Augenblicke

Wenn man keine Hoffnung mehr hat, stockt alles, auch der Wunsch, sich weiter behandeln zu lassen, und das gefährdet das Überleben. Ich habe immer noch viel Hoffnung, dass meine Symptome sich bessern werden, auch wenn sie so gravierend sind. Ich investiere sehr viel in das Bemühen, die Kraft in meinem Inneren zu nähren, meine Muskeln zu stärken, die Kopfschmerzen zu lindern und gelassen zu bleiben. Ich arbeite daran, den Kontakt zu den Menschen zu halten, die ich liebe, und mich auf all das zu konzentrieren, was mir Lebensfreude bereitet. Diese Quellen der Hoffnung kultiviere ich aufmerksam. Sie schenken mir Lust, morgen noch zu leben, übermorgen, überübermorgen ... Ich bin überzeugt, dass man alles tun muss, um Kranken zu helfen, dass sie ihre Fähigkeit zu hoffen bewahren. Es geht nicht darum, ihnen fromme Lügen aufzutischen, denn um Hoffnung zu vermitteln, braucht man nicht die Wahrheit zu verdrehen.

Eine Quelle der Hoffnung, wenn die Hinfälligkeit zu belastend wird und der Allgemeinzustand sich verschlechtert, ist die Freude, die man im Kontakt mit seinen Angehörigen empfindet. Für mich ist es ein Fest, wenn ich meine Kinder und meine Frau sehe! Aber auch ein Haustier kann den grauen Alltag eines Kranken erhellen. Vor langer Zeit musste ich mich dreizehn Monate lang einer anstrengenden Chemotherapie unterziehen. Um der schrecklichen Übelkeit Herr zu werden, fand ich ein unorthodoxes Mittel: Ich schlief neben meinem Hund und streichelte ihn immer wieder. Es war, als würde er verstehen, dass er in meinem Kampf um Gesundheit eine Rolle spielte. Jeden Morgen lief ich mit ihm. Dabei nahm er seine Aufgabe so ernst, dass ich vielleicht besser sagen sollte: »Er führte mich jeden Morgen zum Laufen aus.«

Mein Kater Titus kann das natürlich nicht. Aber er ist mir ein treuer Begleiter und macht mir das große Geschenk, zusammengerollt zu meinen Füßen zu schlafen. Danke Titus, mir dir fühle ich mich nachts weniger allein.

Neben diesen Quellen der Freude gibt es auch kleine Vergnügungen. Besonders befriedigend war für mich schon immer Bewegung. Der Gedanke, dass ich wohl auf alle Sportarten verzichten muss, die ich so liebe, Fahrradfahren, Surfen, Gleitschirmfliegen, macht mich unendlich traurig. Selbst das Gehen fällt mir mittlerweile schwer. Heute muss ich mich mit eher passiven Vergnügungen zufriedengeben, etwa einen guten Film anzuschauen oder mit Menschen, die ich mag, zu plaudern. Ich finde, das ist schon ein großes Glück. Auch Essen bereitet mir viel

Freude, und es ist ein großartiger Antrieb für Hoffnung. Wenn der Appetit wegen der Übelkeit schwindet oder weil der Magen sich verengt, wird die Lebenskraft sehr beeinträchtigt.

Ein weiteres bescheidenes Vergnügen, auf das ich großen Wert lege, ist das Lachen. Als zum ersten Mal bei mir Krebs diagnostiziert wurde, sah mich einer der wenigen Menschen, die Bescheid wussten, zufällig auf der Straße, wie ich mit meinem Bruder lachte. Mit Leichenbittermiene warf er mir einen Blick zu, als wollte er sagen: »Wie kann er lachen, wo er doch gerade erfahren hat, dass er einen Tumor im Gehirn hat?« Bei dem Blick lief es mir kalt den Rücken hinunter. Ich sagte mir: »Wenn ich aufhören muss zu lachen, weil ich Krebs habe, bin ich schon tot.« Und ich erkannte, dass man niemals, wirklich niemals, die wichtigste Fähigkeit von allen verlieren darf: aus vollem Herzen lachen zu können. Selbst wenn man an einer tödlichen Krankheit leidet, gibt es viele Gelegenheiten zu lachen, und ich empfehle wärmstens, sie alle beim Schopf zu ergreifen.

Die Versuchung von Lourdes

Als ich Pittsburgh verließ und nach Frankreich zurückkehrte, haben mich meine Freunde und Kollegen, die von meinem Krebs wussten, beschworen, nach Lourdes zu pilgern. In Amerika steht die Pilgerfahrt nach Lourdes hoch im Kurs, und es war einfach undenkbar, im Südwesten Frankreichs zu sein, ohne die Grotte der heiligen Bernadette Soubirous zu besuchen.

Ich habe mich zwar bereit erklärt, ihnen Wasser aus Lourdes mitzubringen, aber das Versprechen nicht sofort eingelöst. Letztlich hat der Zufall entschieden. Ich war mit meinem Bruder Édouard zum Gleitschirmfliegen in den Pyrenäen. Der Wind hatte aufgefrischt, und wir überlegten: Warum nicht einen Abstecher nach Lourdes machen? So entdeckte ich eine Methode der Gesundheitsförderung, die auf intelligente Weise darauf ausgerichtet ist, die inneren Ressourcen der Menschen zu mobilisieren, die sich darauf einlassen. Der Pilgerweg weckt starke Emotionen – Sorge, Vertrauen, Überraschung, ein Gefühl der Verbundenheit –, die durch die allgemeine Atmosphäre von Innenschau, Inbrunst und Erwartung verstärkt werden, und all das wird noch durch die intensive Kaskade der Empfindungen im Verlauf des Rituals vervielfacht. Kurzum, in Lourdes findet der Pilger eine eindrucksvoll konzentrierte Wirkung auf Körper und Geist.

Der Pilgerweg beginnt mit einer Beichte. Man zieht eine Nummer und wartet in einem riesigen Saal, der an eine Bahnhofshalle erinnert, bis man dran ist, vor einer langen Reihe von Beichtstühlen mit Schildern, welche Sprache der jeweilige Priester spricht – fast alle Sprachen sind vertreten. Danach wird man zu einer kurzen Unterredung von einem Geistlichen empfangen, der erklärt, wie man den Besuch in Lourdes am besten nutzt. Anschließend muss man beim Warten in der prallen Sonne ein bisschen leiden, bevor es in das Gebäude mit den Bädern geht. Dort bereitet man sich auf den Höhepunkt vor: Die Pilger ziehen ihre Kleider aus und hüllen sich in einfache Badetücher. Alle zittern, nicht nur, weil es nach der Hitze draußen auf einmal kühl ist, sondern wegen der bedrohlichen Erinnerungen, die diese Masse entkleideter Menschen wecken kann. Der Umstand, »nackt vor den Herrn« zu treten, löst auch ein intensives, ungewohntes Gefühl aus, eine Mischung aus Demut und Zutrauen. Und dann wird der Pilger von zwei ehrenamtlichen »Hospitaliers« gepackt und ins eiskalte Wasser getaucht, während sie laut beten. Ein Augenblick von Schwindel und Angst!

Das Reinigungsritual endet am Abend mit einer großen, außerordentlich bewegenden Prozession, gefolgt von einer Messe auf Lateinisch, wenn ich mich recht erinnere, mit Untertiteln in mehreren Sprachen auf einer großen Leinwand. Alle singen im Chor die Gebete mit. Der Wirkung dieser Schlichtheit, der intimen Suche, in der sich Leiden und Glauben vermischen, kann sich niemand entziehen. Inmitten der inbrünstigen Menge spürte ich eine ganz besondere Energie, zugleich demütig und von einer mächtigen Solidarität erfüllt, ganz auf die Hoffnung auf Heilung gerichtet.

Der kurze Besuch in Lourdes hat einen tiefen Eindruck bei mir hinterlassen, und ich würde sehr gern noch einmal dorthin zurückkehren. Der Arzt in mir kann nicht umhin, darin eine hervorragende »Investition« in Gesundheit zu sehen: Der Zugang ist einfach, praktisch kostenlos, die Methode hat keine Nebenwirkungen, und »es funktioniert«, es funktioniert wirklich, obwohl der Erfolg nicht garantiert ist. Aber schließlich gibt es bei keiner Behandlung eine Garantie ... Vor allem erschien mir dieses Ritual, das über eineinhalb Jahrhunderte hinweg perfektioniert wurde, als großartiges Beispiel einer Methode, um unsere angeborenen Heilungskräfte zu mobilisieren.

Das Tabu anpacken

Während der vielen Jahre, die ich als Psychiater in den Vereinigten Staaten tätig war, habe ich nicht in einer psychiatrischen Klinik gearbeitet, in der Menschen mit psychischen Erkrankungen betreut werden, sondern in einem Allgemeinkrankenhaus mit Patienten, die an allen möglichen körperlichen Krankheiten litten. Das Krankenhaus ist in unseren entwickelten Gesellschaften auch der Ort, an dem sich die Menschen am Ende ihres Lebens wiederfinden. Diese Patienten, die starke Schmerzen ertragen müssen, anhaltende Übelkeit, den Verlust alltäglicher Fähigkeiten und vieles mehr, zeigen oft Zeichen von Angst, Depression, haben Suizidgedanken. Dann wird praktisch automatisch der Psychiater gerufen. Statt hübsche abstrakte Theorien zu Hilfe zu nehmen, konzentrierte ich mich ganz darauf, das körperliche Unwohlsein zu behandeln. Mit guten Medikamenten und täglichen Besuchen besserte sich die psychische Verfassung meiner Patienten im Übrigen fast von selbst.

Auf diese Weise konnte ich vielen Kranken im Endstadium helfen. Ich sah, wie ihr Zustand sich verschlimmerte, wie es ihnen immer schlechter ging, und als dann das Ende kam, sah ich, wie sie trotz allem sehr sanft verschieden. Ich möchte fast sagen, ihr Tod verlief »sehr gut«, und in dem Augenblick, als sie die Seele aushauchten, sahen sie in gewisser Weise »glücklich« aus. Ich glaube, die meisten erlebten den Tod als einen Übergang, den Schritt von einem Leben, das wir kennen, zu etwas anderem, das wir nicht kennen. Ein ähnlicher Übergang wie die Geburt, nur in umgekehrter Richtung.

Diese Beispiele erschienen mir immer ermutigend, sogar tröstlich. Sie zeigen, dass Leiden nicht zwangsläufig dazugehört, entgegen der weitverbreiteten Vorstellung, dass Sterben wehtut, dass der »Gang durch die enge Tür« *per se* leidvoll ist. Die Menschen denken an die berühmte Grimasse der Sterbenden, die sie als einen Ausdruck von Schmerzen interpretieren. Tatsächlich kontrahieren sich im Augenblick des Todes alle Muskeln, und die Gesichtsmuskeln erzeugen kurzfristig diese Grimasse. Aber weil ich oft dabei gewesen bin, weiß ich, dass sie sehr schnell von einem Ausdruck großen Friedens abgelöst wird. Der Tod an sich ist nicht schmerzhaft, meistens tritt er ganz ruhig ein, als ob man einschläft.

Hingegen können bestimmte Krankheiten in der Endphase äußerst schmerzhaft sein, und darum muss man sich kümmern. Glücklicherweise besitzt die Medizin heute die Mittel, um praktisch alle Schmerzen zu lindern. Ärzte und

Pfleger müssen besondere Anstrengungen unternehmen, um die richtige Behandlung zu finden, aber Schmerz ist heute kein Fluch mehr. Das Problem bei den entsprechenden Medikamenten ist, dass sie in hoher Dosierung zu geistiger Verwirrung führen können, den Kontakt zu sich selbst und zur Welt trüben. Viele Menschen fürchten die Wirkung solcher Substanzen, und ich verstehe sie. Sie brauchen ihre ganze geistige Klarheit, um die Liebe und Unterstützung ihrer Familie noch zu spüren. Oder um sich von ihren Angehörigen zu verabschieden. Aber alles in allem kann Morphium, so wie man es heute anzuwenden versteht, Schmerzen sehr wirksam bekämpfen. Das ist beruhigend zu wissen.

Meine gesamte Erfahrung bringt mich zu der Überzeugung, dass man sich die Frage nach dem Tod stellen muss, um der Krankheit möglichst gut entgegentreten zu können. Tatsächlich beschäftigt diese Frage alle, die an einer schweren Krankheit wie Krebs leiden, auch wenn sie nicht darüber sprechen. Sobald jemand sagt: »Ich habe Krebs, ich bin gerade in dieser oder jener Behandlung«, steht die Frage nach dem Tod im Raum. Ich bin überzeugt, dass es besser ist, das Thema auf den Tisch zu bringen, es in all seinen Dimensionen, den praktischen und den symbolischen, zu betrachten, damit der Tod, wenn es so weit ist, gut vonstatten geht. An dem Punkt, an dem diese Menschen angekommen sind, ist es *das* wichtigste Thema in ihrem Leben, und sie sollten es tunlichst nicht zur Seite schieben.

Aber gleichzeitig kann allein die Tatsache, dass man darüber spricht, bei einem Patienten den – oftmals falschen – Eindruck erwecken, sein Ende stehe unmittelbar bevor, und das kann große Angst auslösen. Deshalb vermeiden die Menschen um ihn das Thema gern so lange, bis sich der Zustand des Patienten deutlich verschlechtert hat. Aber dann ist es oft zu spät, weil der Kranke nicht mehr sprechen und womöglich nicht mehr denken kann.

Meine Erfahrungen mit meinen Patienten haben mich gelehrt, dass es den »guten« Augenblick nicht gibt, um das Thema anzusprechen. Man kann es jederzeit tun, nur darf man den Kranken nicht vor den Kopf stoßen, ihm nicht das Gefühl geben, »es ist alles vorbei«; man muss Zwischentönen und Nuancen Raum geben, auch wenn das nicht einfach ist. Ja, der Tod kann kommen, aber noch ist nichts entschieden, und eine Heilung ist immer möglich.

Bei meinen Patienten am Lebensende habe ich durch meine täglichen Besuche den Augenblick vorbereitet, wo ich sie schließlich fragen konnte: »Stellen Sie sich manchmal die Frage, was passiert, wenn die Behandlung nicht anschlägt?« Damit war der Weg frei, um über die Möglichkeit ihres Todes zu sprechen; ich konnte das Ausmaß ihrer Angst einschätzen und herausfinden, ob es sich um Ängste handelte, die wir abbauen konnten.

Für manche sehr zerbrechliche Persönlichkeiten ist es unvorstellbar, über den eigenen Tod nachzudenken. Es geht im wahrsten Sinn des Wortes über ihre Kräfte. Solche Menschen darf man nicht dazu zwingen. Aber diese Fälle sind selten. Ich konnte feststellen, dass die große Mehrheit die Frage fast erleichtert aufnahm. Natürlich machte der Tod ihnen Angst. Aber weil sie ihre Angehörigen nicht damit belasten wollten, blieben sie mit dieser Angst schrecklich allein. Sie warteten geradezu auf die Erlaubnis, darüber zu sprechen.

Wenn das Tabu einmal gebrochen ist, darf die Stimmung nicht in Trübsinn umschlagen. Anschließend muss es möglich sein, sich zusammen einen lustigen Film anzuschauen, sich dumme Witze zu erzählen, gemeinsam gut zu essen und vor allem weiterzuleben. Es hat keinen Zweck, dauernd auf das Thema zurückzukommen. Das wäre genauso unerträglich, wie wenn man jeden Tag die letzte Ölung bekäme.

Das Hochgefühl,
sein Testament zu machen

Die schwerste und wohl am meisten gefürchtete Aufgabe besteht darin, Entscheidungen über die Zukunft seiner Kinder zu treffen. Man muss sich mit seinem Partner oder seiner Partnerin zusammensetzen und sagen: »Hör zu, ich möchte etwas Schwieriges mit dir besprechen ... Ich weiß nicht, wie viel Zeit ich noch habe. Wir würden uns etwas vormachen, wenn wir so tun, als würde alles gut gehen. Wir müssen im Hinblick auf unsere Kinder bestimmte Dinge regeln. Wenn es für dich in Ordnung ist, kann ich dir sagen, dass es mich erleichtert, darüber zu sprechen, zu wissen, dass die Dinge geregelt sind. Und nur du kannst mir dabei helfen.« So ein Gespräch ist aufwühlend, aber auch zutiefst beruhigend. Das kann ich aus eigener Erfahrung bestätigen. Es schmerzt mich sehr, dass ich womöglich nicht mehr da sein werde, um meine Kinder aufwachsen zu sehen und sie zu beschützen. Der einzige tröstliche Gedanke dabei ist, dass ihnen eine großartige Mutter bleibt, die sie lieben und beschützen wird.

In solchen sehr emotionalen Momenten muss man versuchen, nicht »zu viel« zu tun, man darf nicht im Pathos versinken. Natürlich kann man über den Schmerz derjenigen sprechen, die zurückbleiben, aber zu viel Traurigkeit führt leicht zu schwarzen Gedanken, und die sind unnütz und schädlich. Sich auf den praktischen Aspekt zu konzentrieren ist hingegen sehr hilfreich, denn konkretes Handeln ist immer besser als negative Grübeleien. Man kann über die Beerdigung sprechen, darüber, wo man begraben sein möchte, über das Testament. Solche Themen wecken viel weniger Verzweiflung, als man glaubt.

Ich war sehr überrascht, was für ein Hochgefühl es bereiten kann, ein Testament abzufassen. Es ist ein Gefühl der totalen Herrschaft und zugleich der Großzügigkeit, des Schenkens und Weitergebens. Ich erinnere mich auch an ein Gespräch kürzlich mit meinem Bruder Édouard, bei dem wir viel gelacht haben: Wir stellten die »Playlist« der Musikstücke und Lieder zusammen, die gespielt werden sollen, wenn die Stunde gekommen ist – ich habe es damit nicht eilig –, in der ich sterbe.

Ich muss zugeben, dass ich ziemlich oft an meine Beerdigung denke, aber das sind keine morbiden Gedanken. Wenn ich es wagte, würde ich beinahe das Drehbuch für mein Begräbnis schreiben. Mit so vielen Menschen, die gut gelaunt sind und viele freundliche Worte über mich sagen, wird die Stimmung voller Wohlwollen sein. Keine aggressiven Seitenhiebe, keine willkürlichen Angriffe mehr. Es wird wie der Orgelpunkt am Ende meines Lebens sein, in gewisser Weise eine Apotheose. Wie schade, dass ich als Einziger diesen Augenblick nicht miterleben werde! Aber bisher habe ich der Versuchung noch nicht nachgegeben und meine Verfügungen noch nicht diktiert. Bin ich wirklich der Richtige, mich um diese Details zu kümmern?

Meine lange Erfahrung in der Begleitung Sterbender hat mich vielleicht gegenüber den Schrecken des Todes abgehärtet. Trotzdem vergesse ich nicht, dass man seine ganze schöne Gelassenheit verlieren kann, wenn die Stunde gekommen ist. Zwar habe ich gesehen, dass Menschen friedlich verschieden sind, aber ich habe auch andere gesehen, denen es nicht an Mut fehlte und die dennoch in Angst gestorben sind. Ich werde mich hüten, in diesem Punkt überheblich zu sein. Ich bitte meine Angehörigen schon jetzt, es mir nicht übel zu nehmen, wenn ich an der Schwelle des Todes zittern sollte.

Emilys Atem

Die im Alter von vierundzwanzig Jahren verstorbene Emily ist seit Langem so etwas wie ein Schutzengel, ein gütiger Schatten, der über meinem Leben schwebt. Emily war eine wunderbare junge Frau, und ich hatte das Privileg, sie vor vielen Jahren im Krankenhaus von Pittsburgh als Psychiater zu betreuen. Sie litt an einer sehr seltenen Form von Krebs, einem Tumor der Nebennieren, der über die Vena cava bis zum Herzen emporgewandert war. Emily war hübsch, fröhlich, sehr intelligent und äußerst großzügig. Zum Zeitpunkt ihrer Erkrankung studierte sie in Harvard; sie hatte sich auf Erziehungswissenschaft spezialisiert, und obwohl sie eines der großen Vermögen von Pittsburgh erben würde, wollte sie nach ihrem Abschluss an Schulen in Problemvierteln unterrichten. Sie war auch eine große Sportlerin und hatte Rudermeisterschaften gewonnen.

In den letzten Monaten ihres Lebens hatte ich das Glück, sie sehr häufig zu sehen. Ich half ihr nach Kräften, um Relikte von seelischem Leiden aufzulösen, die durch Verwundungen in der Kindheit entstanden waren. Wir wendeten Hypnose und EMDR an. Trotz ihrer Angst vor dem Tod, trotz des körperlichen Schmerzes bewahrte sie sich bis zum Schluss ihre tiefe Gelassenheit und eine außerordentliche Fähigkeit, sich uneingeschränkt anderen zuzuwenden. Das war erstaunlich zu beobachten, beinahe beunruhigend. Sie war umwerfend, strahlte wie eine Heilige. Ich empfand nicht als Einziger ihr gegenüber Respekt und grenzenlose Dankbarkeit. Alle, die sie kannten, haben den Eindruck, dass sie auf eine geheimnisvolle Weise den Kontakt zu den Menschen gehalten hat, die ihr am Ende ihres Lebens halfen, und dass sie von dort, wo sie heute ist, nun ihrerseits versucht, uns bei den Prüfungen des Lebens zu helfen.

Nach einer sehr gefährlichen Operation, die sie beinahe das Leben gekostet hätte, blieb Emily lange auf der Intensivstation, bis sich ihr Zustand langsam wieder normalisierte. Später erzählte sie mir von einem erstaunlichen Erlebnis zwischen Leben und Tod. Ihre Erinnerungen waren sehr präzise: Sie befand sich in einem Tunnel, und ein weißes, sehr beruhigendes Licht am Ende des Tunnels zog sie an. Aber ihre Stunde war noch nicht gekommen: Zu ihrem Bedauern musste sie umkehren und wieder in ihren armen, gequälten Körper zurückkehren.

Vier oder fünf meiner Patienten haben mir Ähnliches erzählt. Sie berichteten das spontan, ohne dass ich sie danach gefragt hatte. Ich muss sagen, dass ich zu Anfang nichts von solchen Phänomenen wusste; so etwas kam damals in der medizinischen Ausbildung nicht vor. Heute wissen wir besser darüber Bescheid, und man schätzt, dass zwischen acht und fünfzehn Prozent der Bevölkerung (je nach Land) derartige Grenzerfahrungen (man spricht von Nahtoderfahrungen) gemacht haben. Die Zahl steigt, vielleicht weil die Wiederbelebung nach einem Herzstillstand heute öfter Erfolg hat und dadurch mehr Leben gerettet werden. Der Begriff »Nahtod« ist überdies ein bisschen irreführend, denn die meisten Patienten waren tatsächlich klinisch tot, bevor sie »ins Leben zurückkehrten«. Sie sind im wahrsten Sinn »wiederauferstanden«.

Seit den Arbeiten der Pioniere aus den 1970er-Jahren, der Schweizerin Elisabeth Kübler-Ross und des amerikanischen Psychiaters Raymond Moody, sind viele Forschungen hinzugekommen. Mehrere Szenarien zur Erklärung von Nahtoderfahrungen wurden vorgeschlagen, von der Hypothese, dass es sich um Halluzinationen handelt, bis zu der, dass es ein Bewusstsein gibt, das den Tod überlebt. Alle Studien stimmen in einem Punkt überein: Unabhängig von der ethnischen Herkunft und religiösen Orientierung, unabhängig von der Epoche (der Er-Mythos bei Platon könnte eines der frühesten Zeugnisse sein), unabhängig davon, wie der Betroffene das Erlebnis deutet, sind einige Elemente so gut wie immer vorhanden: der Weg zum Licht; das Licht der Liebe; das Gefühl von Frieden, von himmlischer Freude; die verstorbenen Eltern und Freunde, die am Ende des Tunnels warten; der Wunsch, bei ihnen zu »bleiben«; die »erzwungene« Rückkehr …

Meine Patienten hatten ebenfalls einen klinischen Tod erlebt, dem sie durch die Entschlossenheit der Ärzteteams entrissen wurden. Im Allgemeinen hinterließ das Spuren in ihrer Verfassung: Es ist für die Gesundheit gar nicht gut, zu sterben, auch nicht vorübergehend. Aber sie sagten fast alle, dass sie dank dieser Erfahrung keine Angst mehr vor dem Tod hatten, ja, dass sie den Augenblick sogar mit Freude erwarteten … Einige sprachen in verblüffender Weise von ihrer Nahtoderfahrung, als hätten sie eine große Reise nach Japan unternommen und wären gerade zurückgekehrt … Da diese Menschen aus ganz unterschiedlichen Schichten und allen möglichen Regionen in den Vereinigten Staaten stammten, unterschieden sich ihre Deutungen des berühmten weißen Lichts: Es war Jesus, Gott oder einfach die Liebe … Aber sie alle hatten es als eine außerordentliche Energie empfunden, die sie angezogen und mit einem solchen Glück erfüllt hatte, dass sie es kaum beschreiben konnten. Sie waren nur »zurückgekommen«, weil man sie »gezwungen« hatte.

Weißes Licht

Die »Reisenden« mit Nahtoderfahrungen hatten nur noch einen Wunsch, nachdem sie ihre verstorbenen Freunde und Angehörigen umgeben vom weißen Licht der Liebe gesehen hatten: »auf der anderen Seite« bleiben zu können. Sie sagten mir, in den Tagen oder Wochen zuvor hätten die geliebten Menschen begonnen, ihnen im Traum zu erscheinen oder sie als wohlwollende »Gespenster« zu besuchen oder sich einfach so in ihre Gedanken zu drängen. Es war fast, als wollten die Toten die Lebenden auf den großen Übergang vorbereiten. Und als es dann so weit war, standen die Großeltern, Eltern, der verstorbene Bruder oder die verstorbene Ehefrau am Ende des Tunnels, bereit, sie in Empfang zu nehmen. Meine Patienten waren so glücklich, sie wiederzusehen! Aber man hatte ihnen gesagt: »Du bist noch nicht so weit, du musst wieder zurückkehren.« Und dann waren sie in ihrem Krankenhausbett erwacht mit dem furchtbaren Gefühl, aus dem Paradies vertrieben worden zu sein.

Am Anfang wunderte ich mich sehr über diese Erzählungen von jenseits des Grabes, aber ich hütete mich, die

Patienten für »verrückt« zu erklären. In der Psychiatrie ist »Verrücktheit« ein sehr präziser Begriff. Er bezeichnet Überzeugungen und Verhaltensweisen, die erstens für das Funktionieren der Person nicht erforderlich sind und zweitens der Person schaden. Es reicht nicht, dass jemand ungewöhnliche Überzeugungen und Verhaltensweisen an den Tag legt, um ihn als »verrückt« zu bezeichnen. So jemand kann einfach ein bisschen »neben« seiner Zeit leben (ein Original sein, ein Künstler usw.) oder ihr »voraus« sein (ein Visionär).

Nehmen wir das Beispiel Jesus – oder den heiligen Paulus, Mohammed oder viele andere Propheten. Ein borninerter Psychiater würde sagen, Jesus sei schizophren gewesen, weil er Visionen hatte und Stimmen hörte; oder er sei manisch-depressiv gewesen oder habe eine bipolare Störung gehabt, weil er zwischen Phasen größter Freude und tiefster Niedergeschlagenheit wechselte. Müssen wir also annehmen, Jesus sei ein Psychotiker gewesen? Die Frage erscheint umso wichtiger, als seine Gedanken und Handlungen ihm ein wenig wünschenswertes Ende eingebracht haben, und das entspricht dem zweiten Kriterium bei der Definition von Verrücktheit.

Nach meiner bescheidenen Meinung sollte man auf solche engstirnigen und verkürzenden Vorstellungen am besten verzichten und Jesus als einen großen Geist betrachten, der seiner Zeit und vielleicht allen Zeiten weit voraus war.

Menschen, die »den Tod erlebt« haben, kehren manchmal mit Überzeugungen zurück, die sie stärker machen. Ich folgere daraus gewiss nicht, dass es erlaubt ist, sich irgendwelche Märchen einzureden, wenn sie nur eine Illusion von Kraft verleihen. Aber keine Angst mehr vor dem Tod zu haben, das ist doch schon beachtlich! Solche Erfahrungen verdienen untersucht zu werden, und sei es nur als Hilfe gegen die Angst. Für einen Wissenschaftler sind sie im Übrigen die einzigen verfügbaren Daten über eine Realität, die ebenso bedeutend wie schwer zu erfassen ist.

Auf einer bescheideneren, persönlicheren Ebene kann ich sagen, dass solche Erzählungen mir auf dem schwierigen Weg, auf dem ich mich heute befinde, wertvoller denn je erscheinen. Ich akzeptiere ihre unvermeidlich mysteriöse oder »mystische« Dimension. Hingegen finde ich darin kein Argument für diese oder jene religiöse Lehre.

Im Grunde ist für mich an diesen Ideen so befriedigend, dass sie mir eine Vision des Todes bieten, die meinem tiefen, ewigen Bedürfnis nach Beziehungen entspricht. In Verbindung mit Menschen zu sein, hatte in meiner persönlichen Ökonomie schon immer einen zentralen Stellenwert. Wenn ich es nicht mehr war, und sei es nur vorübergehend, bin ich schnell in Traurigkeit versunken und merkte, wie meine Lebensenergie schwand. Wenn der Tod als das Ende aller Beziehungen verstanden wird, ist er für mich eine albtraumhafte Vorstellung: Mit dem Verlust des Lebens würde ich alle Verbindungen zu meinem Nähr-boden verlieren und wäre zu absoluter Einsamkeit ver-dammt … Natürlich weiß ich, dass man annimmt, die Ver-storbenen spürten nichts mehr. Aber die Vorstellung eines schwarzen Lochs ohne Liebe lässt mich schaudern.

Hingegen begeistert mich die Aussicht, dass ich all die Seelen der Menschen und Tiere in einem Universum aus Licht, aus Verbundenheit und Liebe wiedertreffen werde. Natürlich gibt es keinen Beweis, dass die Visionen der Nahtoderfahrungen irgendeine »Realität« widerspiegeln. Sie könnten auch nichts weiter sein als das halluzinato-rische Werk von ein paar Neuronen, die durch die chemi-schen Vorgänge im Moment des Sterbens durcheinander-gebracht werden. Aber an dem Punkt, an dem ich mich befinde, ziehe ich den Gedanken vor, dass mein Tod dem berühmten Tunnel ähneln wird, an dessen Ende ein weißes Licht leuchtet. Es wäre wunderbar, von leuchtenden Wel-len der Liebe empfangen zu werden und von all den Men-schen, die ich geliebt habe und die vor mir gestorben sind: mein Vater, meine Großmutter und mein Großvater, an dem ich sehr gehangen habe.

Über die Liebe

Seit mein linker Arm und mein linkes Bein gelähmt sind
und die Symptome sich nicht mehr zurückbilden wollen,
sage ich mir, dass der Krebs jeden Augenblick explodieren
kann. Es ist also Zeit, über mein Leben Bilanz zu ziehen.
Was habe ich an Gutem getan, was an weniger Gutem? Wo
hatte ich Erfolg, wo bin ich gescheitert?

Der Bereich, in dem ich am wenigsten Erfolg hatte, ist,
das muss ich gestehen, die Liebe. Aus einem geheimnisvol-
len Grund habe ich es nicht geschafft, die Frauen so zu lieben, wie sie es verdient hätten. Es ist, als wäre ich zu oft nur
an der Oberfläche geblieben – allerdings nicht immer. Das
ist eines der Dinge, die ich am meisten bedauere.

In sehr jungen Jahren war mein Kopf vollgestopft mit
dummen Ideen zum Thema Liebe: Der Mann zwingt der
Frau die Liebe auf, weil sie sich von Natur aus sträubt. Der
einzige Weg für den Mann ist die Unterwerfung der Frau.
Eine Liebesgeschichte handelt zuerst von Eroberung und
dann von Besetzung. Es ist ein Kräftemessen, bei dem der
Mann die Oberhand behalten will. »Sich fallen lassen«
kommt nicht infrage, auch nicht, wenn sie sich ergeben

hat. Weil seine Herrschaft illegitim ist, muss er seine Eroberung beständig »überwachen«, unter Kontrolle halten, um zu verhindern, dass sie rebelliert. Unmöglich, sich eine harmonische Beziehung vorzustellen, ein Verhältnis, das auf Austausch gründet oder einer Gleichheit der Partner.

Ich frage mich immer noch, woher diese idiotischen Ideen stammten, die mir, bis ich um die Dreißig war, meine Liebesgeschichten verdorben haben. Mit dieser imperialistischen Vorstellung im Kopf bemühte ich mich, als Besatzer aufzutreten. Meine amouröse Suche bestand darin, dass ich nach einem Gebiet Ausschau hielt, das ich erobern konnte. Ergebnis: Ich liebte, manchmal wie ein Verrückter, aber ich wurde nicht geliebt. Oder vielmehr war es so, dass ich mir nicht erlaubte, mich geliebt zu fühlen, selbst wenn ich geliebt wurde – was ein paar Mal vorkam. Denn dann hätte ich die Waffen strecken und akzeptieren müssen, dass ich nicht mehr das Sagen hatte.

Meine Liebesgeschichten aus jener Zeit der großen Dummheit hinterließen bei mir ein schreckliches Gefühl der Frustration. Ich war zum Beispiel zutiefst überzeugt, dass Frauen so veranlagt sind, dass sie sich absolut nicht für die körperliche Liebe interessieren. Und es war nicht nur die Sexualität. Frauen interessierten sich überhaupt für nichts. Sie machten sich nicht viel daraus, spazieren zu gehen, einen Film anzuschauen oder in einem netten Restaurant zu essen. Während es mir großes Vergnügen bereitete, verliebt spazieren zu gehen, irgendwo zu essen …

Natürlich kam es auch vor, dass eine Frau mit Begeisterung solche Dinge mit mir teilte, und sogar, dass sie große Lust auf Sex hatte. Aber ich hielt unbeirrt an meiner imperialistischen Linie fest. Ich würde mich nicht verwirren lassen und beeinflussen schon gar nicht.

Wie traurig, dass ich so viel Zeit und Gelegenheiten, glücklich zu sein, verpasst habe! Zwanzig Jahre später ist immer noch etwas davon geblieben: Meine Frau beklagt sich oft, dass ich nicht wirklich in der Lage bin, mich lieben zu lassen … Glücklicherweise habe ich mich von den grotesken Ideen befreit. Um die Dreißig habe ich einen Quantensprung gemacht, der mich Lichtjahre nach vorn gebracht hat, in ein verzaubertes Universum, wo die Frauen intelligent waren und eine Vielzahl von Interessen mit mir teilten. Ich habe aufgehört, die Frau, die ich liebte, an einem Ideal zu messen, gegen das sie nur verlieren konnte. Ich begriff, dass in der Liebe wie in allen anderen Dingen das Bessere der Feind des Guten ist und die Suche nach Perfektion schadet.

Schließlich war ich fähig, echte Liebesgeschichten mit Frauen zu erleben, die mir menschlich und intellektuell ebenbürtig waren. Ich konnte die frustrierende Rolle des »Lehrers« aufgeben. Ich habe gelernt, dass es mehr Vergnügen bereitet, zu geben und zu empfangen, als zu herrschen oder sich durch Verführung durchzusetzen. Kurzum, ich bin in Liebesdingen ganz umgänglich geworden. Trotzdem habe ich manchmal immer noch den Eindruck, auf unbekanntes Territorium zu geraten, wo ich keine Orientierungspunkte habe und die Hinweise nicht entziffern kann.

Die metaphysische Entdeckung, was eine durch und durch authentische Liebesbeziehung sein kann, hat mir eine unerwartete Belohnung beschert: Das Gefühl der Gleichheit in der Paarbeziehung hat sich erstaunlicherweise auf die Beziehung zu meinen Patienten ausgewirkt. Ich habe mit ihnen inzwischen zwar kein Liebesverhältnis, aber eine auf Respekt gegründete affektive Beziehung. Was für eine außerordentliche Entdeckung für den jungen, arroganten Arzt, der ich einmal gewesen bin! Ich brauchte mich nicht mehr zu einer Haltung von Kontrolle oder Dominanz zu zwingen. Die Beziehung konnte wechselseitig sein, ich konnte Gewinn aus der ganzen Menschlichkeit meiner Patienten ziehen.

Diese Veränderung vollzog sich parallel zu den niederschmetternden Prüfungen, die ich durchlitten habe, als mein Tumor diagnostiziert wurde. Ich musste feststellen, dass ich zerbrechlich, sterblich, leidend, verängstigt war, und das hat mir die Augen geöffnet für die unglaubliche Kostbarkeit des Lebens und der Liebe. Alle meine Prioritäten gerieten durcheinander, und sogar die emotionale Tonart meines Lebens änderte sich. Tatsache ist, dass ich mich danach viel glücklicher fühlte als davor, und das ist doch ziemlich erstaunlich.

Ich empfand auch so etwas wie eine spirituelle Geburt. Ich war immer der wissenschaftliche Typ, rationalistisch und atheistisch, und nun fand ich mich in einer Art »Gnadenstand« wieder. Die Prüfung hat mich Gott nähergebracht, und das wurde so wichtig für mich, dass ich mich bei meinen Meditationen manchmal dabei ertappte, wie ich versuchte, mit Gott zu sprechen, Kontakt mit ihm aufzunehmen. Ich bat ihn, mir diesen außerordentlichen Zustand des Glücks und der Offenheit zu erhalten. Ich dankte ihm für das Gute, das mir die Krankheit geschenkt hatte. Und ich versprach ihm, dass ich das Licht dazu verwenden würde, anderen im Rahmen meiner Möglichkeiten zu helfen.

Dieses Leben ist erstrahlt, ich habe es gelebt und dann, unerklärlicherweise, habe ich es verloren. Später haben mir Mystiker, mit denen ich diskutiert habe, gesagt, das sei ein häufiges Phänomen: Man findet »die Gnade« und verliert sie wieder. Manche Menschen verwenden den Rest ihres Lebens darauf, sie wiederzufinden.

Ich bin glücklich, dass ich so etwas Wunderbares erlebt habe, wenn auch nur kurz. Wenn ich heute daran denke, wie sich mein Leben dadurch verändert hat, wünsche ich, jeder möge das eines Tages erfahren – am besten ohne Gehirnoperation. Im Grunde ist dies das Ziel der Psychotherapie, und eine Psychotherapie erreicht dies, wenn sie gelingt. Die Menschen, denen mit wirksamen Methoden wie EMDR (einer Therapie, die mit Augenbewegungen arbeitet), Verhaltenstherapie und Meditation geholfen wurde, erleben etwas wie ein Aufblühen, eine Wiedergeburt. Ich bin überzeugt, dass man auch zu diesem Ziel gelangt, wenn man einen Lebensstil praktiziert, der die globale Ökologie respektiert (die der Natur und die der menschlichen Beziehungen), das, was ich »Antikrebs-Lebensweise« genannt habe. Diesen Wunsch bringe ich am Ende meines Buchs zum Ausdruck: Wenn wir alles vermeiden, was den Lebenskräften schadet, und alles fördern, was sie nährt, können wir wunderbare Ressourcen freilegen, die tief in uns schlummern. Wir schauen unsere Umwelt mit neuen Augen an: die Natur, unsere Kinder, unsere Arbeit. Wir entdecken, dass wir fähig sind, großzügig zu geben und dankbar zu empfangen. All das ist wesentlich, und es ist nicht den Krebskranken vorbehalten oder anderen Menschen, die an schweren Krankheiten leiden.

Lebenswichtiger Austausch

Vor rund zwanzig Jahren, als ich in den Neurowissenschaften forschte, beschäftigte ich mich viel mit neuronalen Strukturen. Mich verblüffte, dass das große, faszinierende Netz von Verbindungen, das wir Gehirn nennen, aus Zellen besteht, die für sich allein genommen nicht sehr »intelligent« und auch nicht sehr »kompetent« sind. Aber sobald sie interagieren, erwachsen daraus die großartigsten mentalen Fähigkeiten wie Wahrnehmung, Intelligenz, Kreativität, Gedächtnis und so weiter. Diese Phänomene, die wir als »emergent« bezeichnen, weil sie die Fähigkeiten der beteiligten Einheiten weit übersteigen, sind in Wahrheit das Ergebnis von Aktionen und Rückkoppelungen, die beständig zwischen allen Nervenzellen stattfinden.

Später begriff ich, dass der gesamte Körper ebenfalls nach dem Muster des Netzes funktioniert: Die Leber interagiert in jedem Augenblick mit den Nieren, die wiederum mit dem Blutdruck interagieren, mit der Zusammensetzung des Bluts, mit der Produktion von Urin, den Cocktails der Hormone und so weiter. Genau wie die Systeme der Nervenzellen produziert auch der Organismus emergente Eigenschaften. Und wie beim Gehirn stellen auch diese Eigenschaften eine Art »Intelligenz« dar, eine »Körperintelligenz«, für die wir gewohnheitsmäßig das Wort »Gesundheit« benutzen.

Was ist Gesundheit auch anderes als das Ergebnis des harmonischen, ausgewogenen Funktionierens aller Systeme, die zusammen den Organismus bilden? Wenn das Funktionieren aus dem Tritt gerät, nützt es nichts, sich auf das Organ zu konzentrieren, das dem Anschein nach schwächelt: Leber, Blut, Herz und so weiter. Man muss versuchen, das Ganze wieder ins Gleichgewicht zu bringen.

Das Wissen der traditionellen Medizin, ob Ayurveda, chinesische oder tibetische Heilkunst, besteht darin, verstanden zu haben, dass Heilen bedeutet, das Gleichgewicht im Körper wiederherzustellen und sich nicht auf ein bestimmtes »Problem« zu versteifen. Diese sogenannte »holistische« Sichtweise hat mich inspiriert, als ich in Pittsburgh eines der allerersten Zentren für integrative Medizin gegründet habe, in dem klassische und gleichzeitig auch komplementäre Behandlungsmethoden angeboten werden. Ich bin überzeugt, dass wir von den alten Traditionen viel lernen können. Es wäre äußerst nützlich, sie zu studieren, eine Art »Auswahl« zu treffen und einige Methoden in unser Arsenal von Behandlungen zu integrieren.

Wenn wir damit beginnen könnten, innerhalb unserer eigenen Medizin eine systemischere Perspektive einzunehmen, wäre das schon ein Schritt nach vorn. Zum Beispiel sollten wir bei Gelenkschmerzen versuchen, nicht nur das spezielle Gelenk zu behandeln, sondern generell etwas gegen die Arthritis zu tun, die den ganzen Körper befallen hat. Natürlich ist es manchmal nötig, an einem bestimmen Punkt anzusetzen, zum Beispiel muss man den Blinddarm operieren, wenn seine Erkrankung den ganzen Organismus in Gefahr bringt. Es ist ein gewaltiger Erfolg der modernen Medizin, den ich uneingeschränkt begrüße, dass sie wirksame Behandlungsmethoden für akute Krisen wie einen Infarkt oder eine Lungenentzündung gefunden hat. Aber man kann die Gesundheit weder verstehen noch schützen, wenn man sich auf das enge Modell dieser oder jener Maßnahme beschränkt. Gesundheit ist nur auf der Ebene des gesamten Organismus denkbar, auf der Ebene der Natur, weil alles mit allem zusammenhängt.

Ich freue mich sehr, wenn ich sehe, dass die Ärzte, mit denen ich zurzeit am meisten zu tun habe, die Onkologen, sich allmählich einer systemischeren Betrachtung ihres Berufsfelds öffnen. Sie beziehen langsam den umfassenderen Begriff des »Nährbodens« mit ein und kümmern sich um Ernährung, Bewegung, die psychische Seite ... Diese Haltung hat nichts Mystisches, nichts Esoterisches, sie ist einfach ganzheitlich.

Nehmen wir das klassische Beispiel der Antibiotika, die alle Bakterien töten, die guten wie die »bösen«. Man weiß, dass sie die Darmflora durcheinanderbringen und Durchfall verursachen können. Ein ganzheitlicher Ansatz besteht darin, gleichzeitig Bakterien zu verschreiben, die die Darmflora schützen, und glücklicherweise machen das viele Ärzte heute bereits. Solche Ansätze werden langsam auch in die Chemotherapie vordringen, die Strahlentherapie und sogar in die Chirurgie. Es gibt bereits ein breites Spektrum von begleitenden Maßnahmen, die den Blutverlust verringern, die postoperativen Schmerzen lindern und so weiter. Es darf einfach nicht sein, dass diese Maßnahmen im Krankenhaus nicht angewendet werden.

Allgemein gesprochen bin ich überzeugt, dass die Medizin mit ihrem auf die Suche nach einem »Wundermedikament« ausgerichteten Ansatz an eine Grenze gestoßen ist. Es gibt Krankheiten, die wir sehr gut mit einem einzigen Medikament behandeln können: Insulin bei Diabetes ist ein Beispiel. Das ist eine hervorragende Behandlung, die wir ganz sicher nicht einfach verwerfen dürfen. Aber es sieht nicht danach aus, dass wir eines Tages »das« Medikament finden werden, das die zunehmend systemischen Leiden heilt wie Übergewicht, Krebs und Bluthochdruck. Wir können hoffen, den Blutdruck durch ein Medikament zu senken, aber das Grundproblem wird damit nicht gelöst. Wir werden nicht »das« Molekül finden, das gegen eine Erkrankung der Koronararterien hilft, weil die Erkrankung alle Arterien betrifft: Kein Medikament kann sie alle »reinigen«. Hingegen wurde bewiesen, dass dreißig Minuten auf dem Heimtrainer fünfmal pro Woche in so einem Fall wirksamer sind als der Einsatz eines Stents!

Tatsächlich sind beide Ansätze hilfreich und – das ist meine volle Überzeugung – ergänzen sich. Einen Patienten, der gerade einen Herzinfarkt erlitten hat, setzt man nicht auf den Heimtrainer. Er bekommt auf der Stelle einen lebensrettenden Stent. Aber in den Monaten und Jahren nach dem Infarkt sollte er Fahrrad fahren, sonst verstopft der Stent langsam auch wieder.

Das größte Hindernis für die Entwicklung der integrativen Medizin ist, dass sich damit nicht viel Geld scheffeln lässt. Wenn ein pharmazeutisches Labor ein Medikament entdeckt oder den Stent weiterentwickelt, ist das wie der Jackpot im Lotto: An dem Patent verdient das Unternehmen fantastische Summen. Aber die Entdeckung, dass das Massieren eines bestimmten Akupunkturpunkts den Bedarf an Schmerzmitteln um dreißig Prozent verringern kann, lässt sich nicht patentieren, und ein Unternehmen kann man damit auch nicht betreiben. Nur die Krankenkassen könnten dabei auf ihre Kosten kommen, aber aus schwer verständlichen Gründen ist das noch nicht der Fall.

Meine amerikanischen Freunde beneiden uns sehr um unser Sozialsystem. Sie denken, aus ökonomischen Gründen müsste es für intelligente Ansätze im Gesundheitswesen offen sein. Ich dachte das auch. Ich hatte mir vorgestellt, die Krankenkassen würden sich für absolut überzeugende Studien interessieren, die die Wirksamkeit von Akupunktur und Yoga bei bestimmten Erkrankungen belegen. Zum Beispiel ist nachgewiesen, dass Akupunktur den Bedarf an Morphium nach einer Operation um sechzig Prozent vermindert. Weil ich mich oft um alte Menschen nach einer Operation gekümmert habe, war ich mir ganz sicher, dass ein Interesse besteht, die Dosierungen zu verringern. Denn alte Menschen werden unter Morphium verwirrt, bekommen Albträume und Halluzinationen. Sie stürzen nachts aus dem Bett und brechen sich den Oberschenkelhals. Und dann sterben sie im Krankenhaus. Aus welcher Perspektive man es auch betrachtet, aus der menschlichen, der medizinischen oder der ökonomischen – das einzig Vernünftige ist, ihnen Akupunktur zu verschreiben. Doch tragischerweise geschieht das nicht. Warum? Ich sehe nur eine Erklärung: weil niemand damit Geld verdient.

Trotzdem besaß ich die Naivität, den Verantwortlichen im Gesundheitswesen vorzuschlagen, einen kleinen Teil ihres Budgets für die Erforschung neuer Wege aufzuwenden, die zu beträchtlichen Einsparungen führen können. Ich bin aus allen Wolken gefallen. Die Verantwortlichen in der Verwaltung – intelligente Männer, die sich ihrer Arbeit intensiv widmeten – waren so besessen von dem Gedanken, die Ausgaben begrenzen zu müssen, dass sie offenbar nicht verstehen konnten, worin der Sinn liegt, eine kleine Summe zu investieren, um große Einsparmöglichkeiten zu realisieren.

Bei der Beschäftigung mit der Gesundheit stellt man fest, dass man immer öfter an eine ganze Reihe brennender Fragen rührt, die das Grundproblem unserer Epoche darstellen. Mein Freund Michael Lerner hat das treffend in einen Satz gefasst: »Man kann nicht gesund auf einem kranken Planeten leben.« An dem Punkt trifft die Gesundheit auf die globale Ökonomie. An dieser Schnittstelle hat sich sogar ein eigenes Fach etabliert, die Ökomedizin; Michael Lerner hat sie weltweit begründet. Die Ökomedizin befasst sich mit Problemen der öffentlichen Gesundheit, die mit Mobilfunk zusammenhängen, mit Pestiziden, Düngemitteln, mit Strahlung (wie massiv Strahlung wirkt, konnten wir bei dem Drama im japanischen Fukushima beobachten), aber auch mit Trinkwasser und der Lebensmittelindustrie.

Übrigens ist im Lebensmittelbereich eine überraschende und extrem ermutigende Bewegung entstanden, die alte Muster infrage stellt. Ich denke an die Rolle, die neuerdings Konsumenteninitiativen spielen, und die wachsende Erkenntnis, dass manche Lebensmittel, die man uns verkauft, uns vergiften. Wir konnten hier sehr gut einen Netzwerkeffekt beobachten: Das Interesse der Konsumenten hat das Interesse der Presse geweckt, und das hat wiederum die Bewusstwerdung verstärkt. Ergebnis: Die großen Supermarktketten (in Frankreich etwa Casino, Carrefour und Monoprix) waren gezwungen nachzuziehen, und wir sehen, dass heute überall Bioabteilungen entstehen und natürliche Produkte mit Biosiegel angeboten werden.

Dieses Beispiel gibt Anlass zu großer Hoffnung: der Hoffnung, dass sich das gesamte System der landwirtschaftlichen Produktion von Grund auf ändern wird. Immer mehr Landwirte erkennen, dass sie auf Bioproduktion umstellen müssen, nicht nur ihrem Land und ihrer eigenen Gesundheit zuliebe, sondern auch aus wirtschaftlichen Gründen, weil Bio ihnen ermöglicht, die Erlöse aus ihrer Arbeit ein wenig zu steigern. Es ist höchste Zeit. Denken wir zum Beispiel an den Weinbau. Wussten Sie, dass Wein wegen der Bekämpfung von Phylloxera (der Reblaus) tausendmal so viele Pestizide enthält, wie im Trinkwasser zulässig sind? Das mag als Logik der Industrie verständlich sein, aber im Hinblick auf die allgemeine Gesundheit ist es einfach verrückt. Es gibt eine Lösung: Man kann Biowein kaufen, und ich wette, dass die Weinliebhaber nicht länger bereit sein werden, eine Pestizidbrühe zu trinken, die als erlesenes Gewächs daherkommt.

Die Art und Weise, wie wir die Tiere behandeln, die wir essen, ist verrückt und schändlich zugleich. Seit ich zum Beispiel weiß, wie Hühner in Massenhaltung gezüchtet werden, kann ich sie nicht mehr essen. Die Menschen werden sich dessen zunehmend bewusst, und ich bin überzeugt, dass die Lebensmittelindustrie ihr für die Umwelt und für die Gesundheit gleichermaßen zerstörerisches System bald wird überdenken müssen.

Nehmen wir, um nur ein Beispiel herauszugreifen, die Pestizide und Düngemittel. Ihr massiver Einsatz trägt zur Zerstörung der Böden und zur Kontamination unserer Nahrung bei. Und wenn sie dann durch den Regen ausgewaschen werden, verschmutzen sie Flüsse und das Meer, führen zu so gefährlichen Erscheinungen wie der Ausbreitung von Grünalgen und bewirken, dass manche Amphibien und Fische ihr Geschlecht wechseln. Dass diese Tiere dann auf unseren Tellern landen, lässt die Zahl der Krebsfälle massiv ansteigen.

Die Ökologie lehrt uns, dass jede Lebensform Ausdruck von Austauschbeziehungen in einem Netz ist. Die Erde funktioniert selbst wie ein Netz; alles interagiert praktisch dauernd mit allem. Auch da führen die Interaktionen zu emergenten Eigenschaften, die die »Intelligenz der Erde« darstellen. Diese Intelligenz untergraben wir, wenn wir bewusst natürliche Gleichgewichte stören. Glücklicherweise haben wir das erkannt; das Verständnis für vernetzte Zusammenhänge ist in meinen Augen der größte Fortschritt der letzten dreißig oder vierzig Jahre.

Eine Kommission des französischen Instituts für Gesundheit und medizinische Forschung, INSERM, hat es bestätigt: Umweltfaktoren haben erheblichen Anteil an der

Krebsepidemie unserer Tage. Sie reichen von Umweltverschmutzung über Strahlung bis zu der Fülle chemischer Moleküle, die um uns herum allgegenwärtig sind. Wir müssen bei der Wurzel des Problems ansetzen: die Vergiftung der Umwelt beenden und die Lebensmittelindustrie reformieren. Stattdessen wenden wir siebenundneunzig Prozent unserer Forschungsbemühungen für Diagnose und Behandlung auf … Ich gehöre zu denen, die glauben, dass unsere Gesundheit untrennbar mit der Gesundheit unserer Umwelt verbunden ist. Heilen wir unseren Planeten, um uns selbst zu heilen.

Die Liebkosung des Windes

In die Spalte meiner Bilanz, in der ich die positiven Dinge notiere, schreibe ich bereitwillig meine Berufstätigkeit. Ich denke, ich habe gut gearbeitet, in Anbetracht der Folgen vielleicht ein bisschen zu viel, aber ich bereue nicht, mich mit ganzer Kraft eingebracht zu haben. Ich habe faszinierende Dinge gelernt, die ich anschließend erfolgreich einsetzen konnte, um zum »Allgemeinwohl« beizutragen. Ich habe den Eindruck, nützlich gewesen zu sein, und das gibt in meinen Augen meinem Leben einen Sinn.

Mein Onkologe hat mir erzählt, dass fast jeden Tag Patienten mit dem *Antikrebs-Buch* in der Hand zu ihm kommen und diskutieren wollen, was sie tun können, um »ihr« Puzzleteil im Kampf gegen den Tumor beizutragen. Diese Patienten, die bis dahin in der Mutlosigkeit feststeckten, sagen ihm auf einmal: »Ich kann tatsächlich etwas tun, um Ihnen dabei zu helfen, dass Sie mir helfen.« Ihr Verhalten verändert sich: Sie folgen den Behandlungen mit mehr Disziplin, Mut und Willenskraft. Mein Onkologe ist begeistert, wenn er sieht, dass diese Patienten ihre Niedergeschlagenheit überwinden, die, wie man mittlerweile

139

weiß, die Prognose für eine Remission und für das Überleben verschlechtert. Mir fehlen die Worte, um zu beschreiben, welche Dankbarkeit ich bei dem Gedanken empfinde, den Kranken – meinen Brüdern – in der Krise wenigstens ein bisschen Vertrauen und Hoffnung geschenkt zu haben.

Nichts bewegt mich mehr, als wenn Leser, die mich nach einem Vortrag bitten, ihre Bücher zu signieren, zu mir sagen: »Dank Ihnen habe ich wieder Hoffnung geschöpft und wieder zu kämpfen begonnen. Durch Sie habe ich verstanden, dass ich selbst etwas für mich tun kann.« Ich bin jedes Mal zutiefst bewegt und glücklich; ich habe den Eindruck, ihnen ein kostbares Geschenk gemacht zu haben: die Offenbarung, dass es in einem selbst eine Kraftquelle gibt. In meinen Widmungen erwähne ich oft die Kraftquellen, die die Betreffenden in sich tragen. Wenn sie daran denken, sind sie schon halb »gerettet«. Selbst wenn ihre Tumoren nicht verschwinden oder die Behandlung keinen Erfolg hat, genügt es, dass sie aktiv an ihrem Schicksal mitgearbeitet haben, damit sie sich mit sich selbst »versöhnen«.

Nach Marshall Rosenberg, dem genialen Erfinder der gewaltfreien Kommunikation, ist die wichtigste Quelle für Sinn im Leben, dass wir zum Wohlergehen der Menschen in unserer Umgebung beitragen können. Das trifft für alle Menschen zu und wahrscheinlich auch für Tiere. Wir sehen das zum Beispiel im beruflichen Umfeld. Untersuchungen zeigen, dass nicht das Gehalt oder ihr Status in der Hierarchie die Menschen stolz auf ihre Arbeit macht, sondern vielmehr die Überzeugung, dass die Produkte, die sie herstellen, oder die Dienstleistungen, die sie anbieten, etwas zum Allgemeinwohl beitragen können. Deshalb ist bei manchen Berufen der Index der Zufriedenheit höher als bei anderen. Die Zufriedenheit bleibt im Übrigen nicht auf diejenigen beschränkt, die Arbeit haben: In allen menschlichen Beziehungen gibt es Gelegenheiten, wo man ein Puzzleteil zum Glück eines anderen beitragen kann.

Die Familie ist in dieser Hinsicht ein ganz besonderer Ort. Etwas zum Wohlergehen seines Ehepartners beizutragen, ist herrlich, etwas zum Wohlergehen seiner Kinder beizutragen, ist eine Wonne. Nichts verleiht unserer Existenz mehr Sinn. Meine Kinder sind mit das Beste, was ich im Leben geschaffen habe.

Trotzdem empfinde ich tiefe Traurigkeit, wenn ich an Charlie und Anna denke, die noch so klein sind. Ich spreche unaufhörlich davon, etwas »beizutragen«, aber ich fürchte, für diese beiden bezaubernden Wesen, die es am meisten bräuchten, werde ich nichts tun können. Dennoch hoffe ich, dass ich ihnen wenigstens ein Bild hinterlasse, das ihnen helfen wird, wenn sie heranwachsen. Ich male mir die Videobotschaften aus, die ich mit der Webcam für sie aufzeichnen, und die Briefe, die ich für sie schreiben werde. Ich werde davon sprechen, was ich mir für sie erhoffe und was ich bereits in ihnen sehe. Von der Quelle ihrer Energie. Ich werde ihnen sagen, wie traurig ich bin, dass ich in ihrem Leben nicht präsent sein kann. Und auch, dass sie meiner Überzeugung nach in sich tragen, was sie brauchen, um ohne mich heranzuwachsen: die Erinnerung, sei sie auch schwach und indirekt, die sie an mich haben werden, und vor allem die Kraft ihrer Mutter.

Natürlich schiebe ich dieses Projekt hinaus, solange ich noch die Hoffnung auf Heilung habe. Aber ich wälze in meinem Kopf bereits die Worte hin und her, die ich an sie richten will. Wenn der Augenblick dann gekommen ist, wird es mir hoffentlich gut genug gehen, um die Botschaften aufzuzeichnen. Das ist übrigens eine gute Übung, auch wenn alles in Ordnung ist: überlegen, was wir unseren Kindern sagen würden, falls wir morgen sterben müssten.

Bei Sascha hatte ich das Glück, direkt über dieses Thema sprechen zu können. Seit Langem schon schmerzt es mich, dass er so weit weg lebt. Als wir uns letztes Weihnachten trafen, habe ich ihm vorgeschlagen, mit seiner Mutter wieder nach Frankreich zu ziehen. Ich habe ihm gesagt, dass ich nicht weiß, wie lange ich noch da sein werde. Dass ich wünschte, wir könnten uns in diesen letzten Monaten näher sein. Er hat mich angeschaut und ist in Tränen ausgebrochen: »Weißt du, Papa, es ist so schwer, einen kranken Papa zu haben …«

Wir haben gemeinsam geweint. Es war hart, aber es war

möglich, darüber zu sprechen. Und für uns beide war dieses Gespräch sehr bewegend und zugleich sehr »nützlich«, weil es uns erlaubt hat, uns gegenseitig unseren Schmerz zu erzählen. Ich weiß, dass Sascha traurig ist. Jedes Mal, wenn ich seine Stimme am Telefon höre, sein Gesicht auf dem Bildschirm sehe, trifft mich seine Traurigkeit. Aber mir gefällt der Gedanke, dass er gern an diesen Augenblick, in dem wir beide so bewegt waren, zurückdenkt, wenn er später versucht, mich in seiner Erinnerung wiederzufinden.

Manchmal male ich mir in der Fantasie aus, dass meine Kinder, wenn sie heranwachsen, von einem schützenden Schleier umhüllt sein werden, als schwebte eine gütige Kraft über ihnen. Als hätte ich ihnen, als ich gegangen bin, etwas von mir hinterlassen, etwas Immaterielles, das weder zu sehen noch zu hören ist und das man auch nicht anfassen kann … Das aber als eine Kraft der bedingungslosen Liebe wahrgenommen werden kann, stets bereit, sie zu unterstützen, anzuregen, zu fördern.

Manchmal stelle ich mir sogar vor, dass dieser Teil von mir ein Bewusstsein hat und dass es ihm irgendwie gelingt, die Menschen, die ich liebe, in ihrer Trauer zu trösten. Es wäre wunderbar, wenn ich meinen Kindern Kraft einflößen könnte, Mut und den Wunsch, später, wenn sie groß sind, einmal etwas zum Allgemeinenwohl beizutragen. Dann werde ich beruhigt ganz »auf die andere Seite« gehen.

Ich weiß, dass das Bild meiner Großeltern und meines

Vaters in mir weiterlebt. Das ist eine bekannte psychologische Wahrheit: Wenn wir einen nahestehenden Menschen, eine geliebte Person, verlieren, lebt etwas von dem, was sie uns gegeben haben, in uns weiter und inspiriert uns. Unsere Toten leben in unseren Herzen weiter. Das ist die tröstlichste Form der »Unsterblichkeit«, sie gefällt mir am besten.

Den folgenden Satz aus dem Brief eines Mannes, den er seiner Frau geschrieben hat, als er in den amerikanischen Bürgerkrieg zog, liebe ich sehr. Seine Chancen, aus dem Krieg zurückzukehren, standen schlecht. »Wenn ich nicht körperlich zurückkomme«, schrieb er, »vergiss nicht, dass jedes Mal, wenn du den Wind auf deinen Wangen spürst, ich es bin, der dir einen Kuss gibt.« Dieses Gefühl würde ich gern mit meiner Frau und meinen Kindern teilen: dass sie, wenn sie die Liebkosung des Windes im Gesicht spüren, sagen: »Schau, Papa hat mir einen Kuss gegeben.«

Nachwort

Mein Bruder David starb, acht Wochen, nachdem er dieses Buch vollendet hatte. Die Art, wie er seinem Tod entgegenging, ist eine Lehre fürs Leben.

Zwischen der Diagnose seines Tumors und seinem Tod am 24. Juli 2011 lagen dreizehn Monate. In dieser Zeit kämpfte David wie ein Stier in der Arena: mit ungebrochenem Mut und zugleich in dem klaren Bewusstsein, wie seine Chancen standen, den Kampf zu gewinnen – er wusste, dass sie statistisch gesehen bei null lagen –, voller Lebenswillen und zugleich voll Demut angesichts seiner Prognose.

Als der Tumor nach monatelanger Therapie mit Hightech-Verfahren und schmerzhaften Nachbehandlungen zurückkehrte, wusste er – wussten wir alle –, dass ihm nicht mehr viel Zeit blieb. So nahm er den letzten Kampf des Lebens auf: den Kampf darum, gut zu sterben. Er sah das als Aufgabe an und fühlte sich eher herausgefordert als hilflos. Er beschloss, die Möglichkeiten dieses außergewöhnlichen Lebensabschnitts, der, wie er wusste, sein letzter sein würde, voll und ganz auszuschöpfen.

In dem Maße, in dem der Krebs in seinem Gehirn wucherte, drang er in seinen motorischen Kortex ein, lähmte eine nach der anderen seine Gliedmaßen, trübte seine Sicht, reduzierte seine Stimme auf ein schwaches Flüstern und schränkte seine Konzentrationsfähigkeit auf wenige Stunden am Tag ein. David richtete all seine verbliebene körperliche und mentale Kraft darauf, dieses letzte Buch zu schreiben, in der Hoffnung, mit seiner eigenen Erfahrung anderen helfen zu können.

Dass es dieses Buch überhaupt gibt, ist ein Wunder. Es wurde der Krankheit im letzten Moment abgerungen. Es ist Davids persönlichstes Buch, und er war tief bewegt, wie sehr sich seine Leser dafür begeisterten. Wenige Tage vor seinem Tod, als seine Kräfte schwanden, warf er noch einen Blick auf die französische Bestsellerliste, auf der sein Buch ganz oben stand. Das vermittelte ihm das Gefühl, dem Krebs in einer sehr wichtigen Weise die Stirn geboten zu haben: Er hatte nicht zugelassen, dass die Krankheit ihn daran hinderte, nützlich zu sein, zu helfen, das Leiden anderer Menschen zu lindern.

Bis zum Ende blieb David durch und durch Arzt und Heiler.

Diejenigen von uns, die das Privileg hatten, sich um ihn kümmern zu dürfen, ihn auf seinem schweren Weg zu begleiten, hatten oft das Gefühl, dass eigentlich er sich um uns kümmerte. Unserer Beklommenheit begegnete er mit grenzenloser Geduld; mit einem dankbaren Blick zerstreute er jede Verlegenheit, die seine extreme körperliche Abhängigkeit uns womöglich verursachte. Er nahm sich unserer Seelen an.

Ich erinnere mich, wie er ein paar Tage vor dem Ende in seinem Krankenhausbett lag, unfähig zu sprechen und beinahe vollständig gelähmt. An diesem Punkt seiner Krankheit konnte er sich nur noch mit kleinen Bewegungen seiner rechten Hand und durch Heben und Senken der Brauen über seinen tiefblauen Augen verständigen. Als ich einmal meine Hand auf seine legte, in dem Versuch, ihn zu beruhigen und ihm etwas von meiner Kraft abzugeben, stellte ich überrascht fest, dass er mich auf einmal direkt anblickte und seine Hand hervorzog, um sie auf meine Hand zu legen. Ich begriff, dass er *mir* versichern wollte, alles würde gut werden.

An einer Stelle dieses Buchs fragt sich David, ob sein Mut angesichts des Todes wohl ausreichen wird, und bittet uns um Vergebung, falls er an der Schwelle doch zittern sollte.

Seien Sie versichert, dass er nicht gezittert hat. Er starb friedlich, begleitet von der Musik der »Playlist«, die er für die Stunde seines Todes zusammengestellt hatte. Beim zweiten Satz von Mozarts Klavierkonzert Nummer 23, gespielt von Daniel Barenboim, glitt er auf die andere Seite.

David hatte keine Angst vor dem Tod. Er glaubte, dass

der Tod ihn durch den berühmten Tunnel des Lichts, den Menschen mit einer Nahtoderfahrung so oft beschrieben haben, in ein Reich der Liebe bringen würde.

Möge es so sein, Bruder.

Du hast uns jedenfalls ein Beispiel für einen »gelungenen Tod« gegeben. Dieses wertvolle Abschiedsgeschenk werden wir in unseren Herzen bewahren, damit wir uns von Zeit zu Zeit die Stärke daraus holen können, die wir für das Leben brauchen.

Émile Servan-Schreiber
Paris, 27. Juli 2011

© der deutschen Ausgabe: Verlag Antje Kunstmann GmbH, München 2012
© der Originalausgabe: Editions Robert Laffont, Paris 2011
Titel der der Originalausgabe: *On peut se dire au revoir plusieurs fois*
Umschlaggestaltung: Heidi Sorg & Christof Leistl, München
Typografie und Satz: www.frese-werkstatt.de
Druck & Bindung: Pustet, Regensburg
ISBN 978-3-88897-751-0
1 2 3 4 5 6 • 14 13 12